임진왜란 당시 7년간 스승 류성룡 막하에서 있었던 일의 기록
《징비록》의 파생 문헌 〈난중기사〉, 그 위작 시비와 관련된 글 수록

# 만휴 황귀성
# 난중기사

## 晩休 黃貴成 亂中記事

黃貴成 원저 · 申海鎭 역주

보고사
BOGOSA

# 머리말

이 책은 만휴(晚休) 황귀성(黃貴成, 1548~1605)이 임진왜란 당시 도체찰사 류성룡(柳成龍)의 막하에 들어가 7년간 좌막(佐幕: 참모)으로서 겪었던 일을 기사체(記事體) 형식으로 기록한 〈난중기사(亂中記事)〉를 번역한 것이다.

이 〈난중기사〉는 《만휴당문집(晚休堂文集)》 권1의 '기(記)'에 수록되어 있다. 이 문집은 석인본으로 2권 1책으로 되어있다. 권두에 정익조(鄭翊朝)의 서문과 권말에 황극동(黃極東)·황경주(黃景周)·황찬봉(黃燦鳳)의 발문이 있다. 권1에는 시(詩) 7수, 서(書) 1편, 기(記) 2편, 상량문(上樑文) 1편, 잡저(雜著) 1편이, 부록인 권2에는 황극동의 전래사적(傳來事蹟), 류광목(柳光睦)의 행장(行狀), 황수일(黃守一)의 가장(家狀), 이중린(李中麟)의 묘갈명(墓碣銘), 권준희(權準羲)의 묘갈음기(墓碣陰記), 안택호(安宅鎬)의 만휴당전(晚休堂傳), 김종락(金宗洛)·윤옥현(尹玉鉉)의 각각 기사후서(記事後敍), 강진규(姜晉奎)·이종만(李鍾晩)의 각각 서행장후(書行狀後), 익양서당(益陽書堂)의 개기축문(開基祝文)·이건기(移建記)·중수기(重修記)·낙성운(落成韻) 등이 수록되어 있다. 서(書) 다음에는 '서애선생수찰(西厓先生手札)'이 첨부되어 있다.

한국학중앙연구원이 관리하는 『한국민족문화대백과사전』에서 《만휴당문집》을 소개하며 〈난중기사〉에 대해 "1592년(선조 25)에 스승인 유성룡을 방문하기 위하여 서울에 가던 중 임진왜란이 일어나자 도체찰사(都體察使)가 된 유성룡의 막하에 들어가 7년간 있을 때 쓴 것이다. 그가 유성룡을 따라 선조를 호종(扈從)한 일과 유성룡이 안주(安州)에 있으면서 백성들을 진무하고 군량을 준비하다가 명나라 이여송(李如松)과 함께 평양을 수복한 일, 그 뒤 유성룡이 충청·경상·전라 3도체찰사가 되어 파주(坡州)까지 진격한 일, 이순신이 순국하자 유성룡의 명을 받고 장례를 치른 일, 진주성에서 김천일(金千鎰)·최경회(崔慶會)가 강에 투신하여 죽고 황진(黃進)이 전사한 일 등 임진왜란 당시의 일을 자세히 기록하고 있다."라고 설명하고 있다.

그런데 이러한 내용이 류성룡의 《징비록(懲毖錄)》과 대부분 닮아 있어서 번역하며 상당히 곤혹스러웠다. 17세기 전란의 실기 문헌은 원래 직접적인 경험의 기록이거나 훗날 그 경험에 대한 기억의 재현이라 할 것이다. 특히, 같은 날 같은 시간에 일어난 일을 동시에 보고 들은 사람들에게 그 일을 글로 표현하도록 해도, 분명 그 글은 거의 서로 다른 어휘와 방식으로 구사되어 일치하는 부분은 아주 제한적일 것이 분명하기 때문이다. 게다가 1867년 류광목의 소지(所志)에 따른 위작 시비와 관련한 문서들을 확인하고서는 더더욱 당혹스러웠다.

이러함에도 황귀성의 〈난중기사〉를 역주한 것은 또 다른 의도가 있어서이다. 그 당시의 위작 시비와 관련한 글들을 있는 그대로 수록함으로써 오늘날 관점에서 다시 한번 온전히 짚어볼 필요가 있으며, 그 결과 설령 또다시 위작으로 판명되더라도 치지도외하고 말 것인지는 심사숙고할 문제라고 생각했다. 실기 문헌은 경험과 전언의 적실한 기록인 것으로만 그 자체에 관심을 가지는 것이 중요할 수 있지만, 문헌 전재(轉載)의 흐름도 이제는 관심을 가져야 할 시점이기 때문이다. 한때 야담 연구에 있어서 중요한 경향의 하나가 전대 문헌의 수용 양상이었다.

그리하여 먼저 황귀성 〈난중기사〉의 위작 시비와 관련된 글을 있는 그대로 번역하여 싣고서, 이에 대해 제언을 하려고 한다. 다음으로, 〈난중기사〉의 번역과 주석을 실어서 독자나 연구자들이 류성룡의 《징비록》과 견주어 그 실상을 파악하도록 하였다.

끝으로 편집을 맡아 수고해 주신 보고사 가족들의 노고와 따뜻한 마음에 심심한 고마움을 표한다.

2021년 11월 빛고을 용봉골에서
무등산을 바라보며 신해진

# 차례

## 일러두기

이 책은 다음과 같은 요령으로 엮었다.

01. 번역은 직역을 원칙으로 하되, 가급적 원전의 뜻을 해치지 않는 범위 내에서 호흡을 간결하게 하고, 더러는 의역을 통해 자연스럽게 풀고자 했다. 다음의 자료가 참고되었다.

『징비록』, 류성룡 원저, 오세진 역, 홍익출판미디어그룹, 2020.

02. 원문은 저본을 충실히 옮기는 것을 위주로 하였으나, 활자로 옮길 수 없는 古體字는 今體字로 바꾸었다.

03. 원문표기는 띄어쓰기를 하고 句讀를 달되, 그 구두에는 쉼표( , ), 마침표( . ), 느낌표( ! ), 의문표( ? ), 홑따옴표( ' ' ), 겹따옴표( " " ), 가운데점( · ) 등을 사용했다.

04. 주석은 원문에 번호를 붙이고 하단에 각주함을 원칙으로 했다. 독자들이 사전을 찾지 않고도 읽을 수 있도록 비교적 상세한 註를 달았다.

05. 주석 작업을 하면서 많은 문헌과 자료들을 참고하였으나 지면관계상 일일이 밝히지 않음을 양해바라며, 관계된 기관과 여러분께 진심으로 감사드린다.

06. 이 책에 사용한 주요 부호는 다음과 같다.
1) ( ) : 同音同義 한자를 표기함.
2) [ ] : 異音同義, 出典, 교정 등을 표기함.
3) " " : 직접적인 대화를 나타냄.
4) ' ' : 간단한 인용이나 재인용, 또는 강조나 간접화법을 나타냄.
5) 〈 〉 : 편명, 작품명, 누락 부분의 보충 등을 나타냄.
7) 「 」 : 시, 제문, 서간, 관문, 논문명 등을 나타냄.
8) 《 》 : 문집, 작품집 등을 나타냄.
9) 『 』 : 단행본, 논문집 등을 나타냄.

# 황귀성 〈난중기사〉
## 위작 시비 관련

# 1. 류광목의 소지(所志)

류광목(柳光睦, 1813~1870)이 황귀성(黃貴成)의 보습록(補拾錄) 위작 여부를 밝혀달라는 소지(所志)는 한국국학진흥원에서 관리하고 있는데, 그 DB는 KRpia(한국의 지식콘텐츠)에 위탁하여 서비스하고 있다. 다음의 자료는 아래 주소[1]에서 검색하면 나온다.

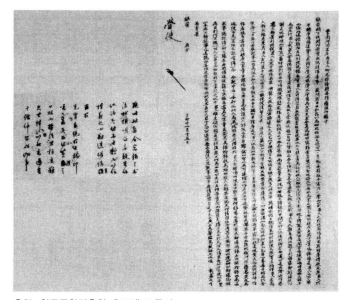

출처: 한국국학진흥원 유교넷 고문서
https://www.ugyo.net/yk/gms/imgMain.jsp?B_SUJI_ID=KSAC_M_B009001039&B
_BOOK_ID=KSAC_T_B009001039_001&B_KWON_ID=001&B_DOC_ID=KSAC_T_
B009001039_001_001

---

1  https://www.krpia.co.kr/knowledge/ugyo/main?code=02&listCount=20
   &page=610

소지의 내용을 파악하기 위해, 위의 이미지를 활자화하여 역주한다.

『풍남(豊南)의 하회리(河回里)에 사는 재최인(齋衰人: 喪主) 류광목(柳光睦)이 엎드려 두 번 절하고 통곡하며 진영(鎭營) 합하(閣下)에게 우러러 호소합니다.

삼가 듣자니 황귀성(黃貴成)이 거짓으로 꾸민 행적을 추심(推尋)하는 일로 엄히 심문한 지 한참 되었다고 하는바, 가만히 혼자 생각건대 허깨비를 꾸며 지어낸 흔적을 하나하나 샅샅이 조사하여 영원히 뿌리째 뽑는 것이 옳다고 여기웁니다. 그러나 다만 죄인은 그의 거짓으로 꾸민 이런 행적에서 더욱 수치스럽고 분한 바가 있어 죽게 된 자입니다. 죄인은 몇 년 전인 신유년(1861)에 그들이 찾아와서 청탁한 것으로 인하여 그것이 거짓된 것인 줄 알아차리지 못하고 경솔하게도 글을 써주었습니다. 올해 여름에 이르러서야 거짓으로 꾸민 행적이 비로소 드러나 비록 허둥지둥 깜짝 놀라서 즉시 도로 거두어들였을지라도, 못나서 누(累)를 선조에게 끼친 죄는 이미 뒤쫓아 미칠 수가 없습니다. 그 아래에 쓰인 가짜 기록은 비록 죄인이 살피지 못한 것일지라도, 그 가짜 기록 때문에 이렇게까지 낭패를 당하고 말았으니 저 거짓으로 기록한 자는 실로 죄인이 깊이 경책(警責)할 자입니다. 빨리 철저히 조사하고 끝까지 찾아내어서 물속이든 불 속이든 던져야 할 것입니다. 절로 다른 사람보다 만 배는 더하기를 바랐으나 옥사의 문초(問招)가 여전히 관대하여, 유언비어가 그 틈을 타서 근자에 전해지는 말은 차마 들을 수도 없고 차마 써놓을 수도 없는 지경에 이르렀습니다.

　오호라! 망극한 처벌이 어찌하여 죄인에게 이른단 말입니까? 남의 금과 비단을 훔치는 것을 도적이라 하는데, 하물며 자기와 관계된 것을 도적질하거나 숨겨 선조(先祖)의 상민과 천민을 거짓으로 기록하고서 조상을 등지고 근본을 잊는 일을 스스로 달가워하였으니, 또 어찌 남의 금을 훔친 도적에만 견줄 뿐이겠습니까? 죄인 또한 사람인데, 이러한 죄목(罪目)을 얻었으니 본디 즉시 죽어서 천지신명(天地神明)에게 사죄하는 것이 마땅하겠으나, 진실로 한 번일망정 억울함을 말하여 밝히지 못하면 죽어서도 돌아갈 곳이 없습니다. 가령 제멋대로 헐뜯어 꾸며낸 난초(亂招: 죄인들이 엉뚱하게 꾸며낸 招辭)가 죄수의 입에서 곧바로 나온 것임을 깊이 생각하여 심판하고서도 아직 참작할 법이 있다면, 하물며 근거 없는 전(傳)이 중간에서 생겨 적실하지 않은 와언(訛言: 잘못 전하여진 말)이 거리에 떠돌다가 갑자기 이로써 입증되어 마침내 단안(斷案)을 내리도록 종용할 수 있으리니, 단지 죄인이 죽어 승복하지 않는 것만이 아니라 밝게 들은 정사(政事)에 있어 또한 성급했었다는 흠결이 있을까 염려됩니다. 중간에서 생겨 난 전(傳)에 있는 말의 소종래(所從來)를 포함하여 길거리에서 와언(訛言)을 퍼트리는 사람의 성명을 함께 조사하도록 밝은 지시를 내리시고 이어 옥에 있는 죄수에게 갖가지 형장을 가해 신문하여 사실대로 지은 죄를 말하게 하고서는, 죄인을 살게 하면 사람일 것이고 죽게 하면 귀안(鬼案: 사형수 명단)에 기록될 것입니다. 죄인이야 무슨 기력으로 위협할 수 있겠습니까만, 만일 저놈들이라면 법정의 엄한 신문을 겁내지 않으리니 감히 단정하여 말하지 못하겠습니다.

무릇 황귀성(黃貴成)은 유적(遺蹟)이 처음부터 전하는 바가 없었습니다. 온 면(面)의 사람들이 모두 알고 있는 바는 을사년(1845)에 이르러 1권의 책자가 처음 김종락(金宗洛)의 손에서 나왔으며 '임진기사(壬辰記事)'라 제목을 붙이고 직접 발문(跋文)을 썼다는 것인데, 지금 임시로 만든 청색 책자에 붉은색으로 표제(標題)를 한 것이 이것입니다. 죄인이 이 책자를 범연히 보고는 경솔히 임진기사를 대수롭지 않게 여겼던 것입니다. 올해 여름에 교정하기 위해 모였을 때 사론(士論)이 크게 일어나 거짓 흔적이 다 드러났으니, 김종락이었습니다.

이에 황민(黃民)에게 비로소 소위 보습록(補拾錄)이란 것을 내놓도록 하니, 작자의 성명이 쓰인 끝장을 빼내 버리고 바야흐로 화(禍)를 전가하려는 즈음이었습니다. 어찌 다른 사람의 허물을 덮어서 숨겨주려고 끝장을 빼내 버리려 계획한단 말입니까? 참으로 한낱 명성을 지키기 위해 멀리서 빌렸으나, 작자의 이름은 가까이서 빌릴 수가 없었기 때문이었습니다. 더구나 듣건대 그의 아들이 바야흐로 옥문(獄門) 밖으로 들락날락하며 황민(黃民)에게 별의별 방법으로 지은 죄를 사실대로 말하지 못하도록 종용했다는 말이 온 면(面)에 떠들썩하게 전해졌는데 영교(令敎) 중에 언급되었다고 하니, 어찌 이 사람이 아니고서야 그의 아버지를 위해서는 오명을 떨쳐버려야 함을 알아서 죄인에게 몰래 덮어씌우려 했겠습니까?

오호라! 저 또한 사류(士流)인데, 황민(黃民)에게 무슨 잊을 수

없는 은혜가 있어 거짓 기록을 만들고서 보습록(補拾錄)이라 이름
하여 임진년(壬辰年)의 일로 삼게 하고는 거짓 기록을 후세에 전
수하도록 한 장본인이거늘, 지금 실정이 탄로가 난 뒤에는 이름을
쓴 끝장을 빼내어 버리고 아울러 보습록 진본을 숨겨서 세상을
속이고 사람을 기만하려는 계획을 세웠으니, 그 또한 참혹한 일입
니다. 어이하여 죄수의 공초(供招)를 기다리고서 그 진짜 감춘 것
을 본단 말입니까? 거짓 기록을 만든 죄목은 이미 처벌된 것이라고
하였으니, 어찌하여 온 세상 사람들의 이목을 채택하지 않고 당연
히 의심하지 않을 곳에 의심하도록 합니까? 죄인이 비록 지극히
완고하고 미욱하다 하나 그래도 선조(先祖)의 후예인데, 어떻게
미치고 실성하여 황귀성(黃貴成)의 편을 들어 문적(文蹟)을 은밀
히 숨겼겠습니까? 천리(天理)와 인정(人情)에서 구하면 과연 사실
에 가깝겠습니까, 가깝지 않겠습니까? 죄인은 본디 기사(記事)의
진위를 분변하지 않고 망령되이 글을 지은 것과 매여있어 참으로
매우 형편없는 몸입니다. 어진 사람의 마음과 군자의 마음에 달려
있으니, 마땅히 깊이 미워하고 통렬히 끊어주기를 바랍니다. 그러
나 일 자체에 대하여 그 일만을 논하고 실정을 따져서 죄과를 정한
다면, 이로부터 평화가 오래도록 지속될 법을 하늘이 밝게 굽어보
시리니 어찌 감히 속이리까? 삼가 바라오니 처리해주시면 더없이
다행이겠습니다.

　　豊南²河回里³居, 齋衰⁴人柳光睦⁵, 稽願再拜痛泣仰籲于鎭營⁶

---

2　豊南(풍남): 경상북도 안동시 풍천면. 삼국시대 때는 豐川縣, 조선시대 때는 풍

閣下<sup>7</sup>. 伏聞以黃貴成僞蹟推尋<sup>8</sup>事, 嚴問有日云, 私窃以爲幻化
粧撰<sup>9</sup>之迹, 可一一查櫛<sup>10</sup>, 永荷拔本塞源<sup>11</sup>之業. 而第罪人之於
此箇僞蹟, 尤有所羞憤, 欲死者. 罪人於年前辛酉, 因渠輩之來
請, 不覺其僞贋<sup>12</sup>, 而率爾<sup>13</sup>爲文字矣. 至今夏, 僞迹始露, 雖倉
皇驚愕, 卽地還收, 而無狀忝累之罪, 已無所追及矣. 其下筆僞
錄, 雖是罪人之不審, 而緣此僞錄, 顚沛至此, 則彼僞錄者, 實
罪人之所深警者. 亟欲窮査極覓, 投畀水火之. 願自有萬倍於他

---

남면과 풍서면으로 되었다가, 1934년에 풍천면이라는 이름으로 병합되었다. 낙
동강을 끼고 있어 이름을 풍천이라 붙였다고 한다.
3  河回里(하회리): 낙동강이 S자 모양으로 마을을 감싸고 있어 지어진 마을명.
4  齋衰(재최): 1년喪.
5  柳光睦(류광목, 1813~1870): 조선후기 문신. 본관은 豐山, 자는 謙叟, 호는 蓉
  洲. 출신지는 경상북도 安東이다. 서애 류성룡의 9대손으로 조부는 柳長春이
  며, 부친은 柳周朴이다. 1843년 식년시에 장원급제하였다. 弘文館校理를 거쳐
  成均館司成, 결성현감, 홍문관 부응교 등을 역임하고, 1864년 동부승지에 제수
  되고 바로 우부승지가 되었다. 1866년 모친상을 당하여 1869년 복을 벗었다.
  문집으로 《蓉洲遺稿》가 있다.
6  鎭營(진영): 조선시대에 각 도의 監營이나 兵營, 水營의 관할하에 군사적으로
  중요한 지점에 둔 군영.
7  閣下(합하): 정1품 벼슬아치를 높이어 이르는 말.
8  推尋(추심): 더듬어 찾아냄.
9  粧撰(장찬): 허물을 숨기고 꾸밈.
10  査櫛(사절): 샅샅이 조사함.
11  拔本塞源(발본색원): 근본을 빼내고 원천을 막아 버린다는 뜻으로, 사물의 폐단
  을 없애기 위해서 그 뿌리째 뽑아 버림을 이르는 말.
12  僞贋(위한): 거짓. 흉내.
13  率爾(솔이): 신중하지 않고 소홀함.

人, 而獄招尙緩, 流言乘間, 近日傳說, 至有不忍聞不忍提者。
嗚呼! 罔極之誅, 奚爲而及於罪人哉? 盜人金帛, 猶謂之盜, 况
盜匿關係自己, 先故[14]之常賤僞錄, 而自甘於背祖忘本之歸, 則
又豈啻盜金之賊之比哉? 罪人亦人類耳, 得此題目, 則固當卽刻
溘然, 以謝天地神明, 而苟不一番伸白, 則死無所歸。假使攙愬
亂招[15], 直發於獄囚之口, 服念審辨, 尙有參量[16]之典, 况以無根
之傳, 起於中間, 不的之訛, 流於街巷, 而遽以是立證, 遂作慫
慂[17]之斷案[18], 則非但罪人之死, 不承服, 其在明聽之政, 亦恐有
偏遽之欠矣。包以中間傳言之所從來, 街上流言人姓名, 并賜明
示, 仍上獄囚萬加刑訊, 使之從實直招, 俾罪人, 生爲人類, 死
錄鬼案焉。罪人, 有何氣力之, 可以威脅, 而倘使彼漢輩, 不畏
法庭之嚴訊, 而不敢質言[19]耶。大抵黃貴成, 遺蹟之初無所傳。
一面之所共知, 至乙巳年一卷冊子, 始出於金宗洛[20]之手, 號曰
壬辰記事, 而自爲跋文, 卽今靑假衣[21]冊子之爛加朱標者, 是也。

---

14  先故(선고): 돌아가신 先祖를 가리키는 말.

15  亂招(난초): 죄인들이 엉뚱하게 꾸며댄 招辭.

16  參量(참량): 이리저리 비추어 보아서 알맞게 고려함.

17  慫慂(종용): 어떤 것을 달래고 부추기어 권함.

18  斷案(단안): 어떤 사항에 대한 생각을 딱 잘라 결정함.

19  質言(질언): 참된 사실을 들어 딱 잘라 말함.

20  金宗洛(김종락, 1796~1875): 본관은 安東, 초명은 英洛, 자는 耆彦, 호는 三素
   齋. 柳相祚와 柳台佐의 문인이다. 벼슬에 뜻을 버리고 소산마을에다 초가집 몇
   칸을 짓고 '芝谷書堂'이란 현판을 달고 날마다 그곳에 거처하여 書史로 自娛하
   다가 1875년 80세로 죽었다.

罪人泛看此冊, 輕易此筆矣。至今夏, 會校之時, 士論大起, 僞
迹畢露, 則金也。於是, 使黃民始出所謂補拾錄者, 拔去書作者
姓名之末章, 方謀嫁禍之際。豈爲掩護他人, 計拔去末章耶? 誠
以守一名, 可遠借, 而作者名, 不可近貸故耳。且聞其子, 方出
沒於獄門外, 慫慂黃民, 萬端使不爲直招之說, 喧傳[22]一面, 令
教中云云, 安知非此人, 爲其父, 脫祛惡名, 潛移於罪人者耶?
嗚呼! 彼亦士類也, 有何難忘之恩於黃民, 創造僞錄, 名曰補拾
錄, 以爲壬辰事, 僞記傳薪[23]之張本, 今於情迹綻露之後, 拔去
書名之末章, 並藏其眞補拾錄, 欲爲欺世欺人之計, 其亦慘矣。
何待囚招而得其眞藏耶? 所以旣罰以創造僞錄爲目, 則何不採
一世人之耳目, 而致疑於不當疑之地乎? 罪人雖至頑冥, 猶是先
祖後裔也, 何爲而喪心失性, 右袒[24]黃貴成而隱匿文蹟也? 求之
於天理人情, 果近似乎? 不近似乎? 罪人以本係不辨記事之眞
僞而妄作文字者, 固極無狀矣。其在仁人君子之心, 所當深惡而
痛絶之。然就事論事, 原情定罪, 自是平久之典, 上天鑒臨, 焉
敢誣也? 伏惟裁處之, 千萬幸甚.』

21  假衣(가의): 임시로 만든 책 표지.
22  喧傳(훤전): 여러 사람의 입으로 퍼져 떠들썩하게 됨.
23  傳薪(전신): 제자에게 전수함.
24  右袒(우단): 한쪽의 편을 듦.

## 2. 영사(營使)의 처분

앞에서 본 류광목(柳光睦)의 소지에 대해 진영(鎭營)에서 영사
(營使)가 처분한 일자는 정묘년(1867) 11월 15일로, 그 내용은 다음
과 같다.(이미지는 앞의 소지에 붙어 있음)

『이 소장의 내용을 보건대, 김종락(金宗洛)은 앞뒤로 날조한 것
이 명백하여 의심의 여지가 없으니 다시 무엇을 달리 논하리오?
저 또한 사류(士類)이거늘 어찌 의(義)를 거스르는 마음으로 거짓
기록을 날조하여 선현(先賢)에게 죄를 짓고 사림(士林)과의 관계
를 스스로 끊으리오?

아아, 애통하도다. 황가 놈의 진술을 받지 않아도 그 본말을 터
득할 수가 있으니, 그 처벌을 면하기가 어렵도다. 이 뜻으로서 유
신(儒紳)들에게 통고하니, 아마도 좋아할 일.

觀此狀辭, 金宗洛之前後, 杜撰[25]明白無疑, 更何他論哉? 彼
亦士類, 而以何悖義[26]之心, 刱造僞錄, 負罪於先賢, 自絶於士
林耶? 噫噫痛哉! 不得黃漢[27]之口招[28], 而攄得其根委[29], 難免其
律。 以此意, 通告于儒紳[30], 恐好向事[31].』

---

25 杜撰(두찬): 저술에 전거나 출처가 확실하지 않은 문자를 쓰거나 오류가 많음.
26 悖義(패의): 의를 거스름. 의리를 어김.
27 黃漢(황한): 황씨를 낮잡아 일컫는 말.
28 口招(구초): 어떤 사건 따위에 대하여 죄인이 자세히 말함.
29 根委(근위): 본말.

이 문서를 보건대, 당시의 처분 내용은 '두찬명백무의(杜撰明白無疑)'였음을 알 수 있다.

---

30  儒紳(유신): 儒臣과 搢紳. 선비의 통칭어.
31  向事(향사): '할 일'의 이두 표기.

## 3. 황하일 외 4인의 소지(所志)

류광목(柳光睦)이 소지(所志)를 올리자 당시 진영(鎭營)의 영사 (營使)가 신문 과정을 거쳐 1867년 11월 15일에 처분하였음은 앞서 살펴본 바이다. 그 처분하는 과정에서 작성된 검안(檢案)을 겸한 것으로 황하일(黃河一) 외 4인의 소지가 다음의 자료인데, 아래의 주소[32]에서 검색하면 나온다.

출처: 한국국학진흥원 유교넷 고문서
https://www.ugyo.net/yk/gms/imgMain.jsp?B_SUJI_ID=KSAC_M_B009001045&B_BOOK_ID=KSAC_T
_B009001045_001&B_KWON_ID=001&B_DOC_ID=KSAC_T_B009001045_001_001

소지의 내용을 파악하기 위해, 위의 이미지를 활자화하여 역주 한다.

『황종철(黃宗喆)의 공초(供招)에 의하면, '제가 근자에 아뢴 보 습록(補拾錄)과 임진기사(壬辰記事)는 김종락(金宗洛)이 만들어 낸 거짓 기록이라는 내용을 엄한 문초에서 단단히 다짐하여 받아

---

32  https://www.krpia.co.kr/knowledge/ugyo/main?code=02&listCount=20
&page=611

들입니다.'이다.

정묘년(1867) 11월

저희는 선조(先祖)의 유적(遺蹟)을 보태려 했는데, 원래 임진기사가 없었고 단지 몇 조각의 짧은 옛글이 있었으니 곧 하회 교량(河回橋梁: 류성룡에게 배우러 다니던 길), 팔왕동 정묘(八王洞定墓: 류성룡이 황귀성의 묘소를 정해준 일), 마안(馬鞍: 류성룡이 특별히 준 물건) 및 이견(異犬: 황귀성 집안의 편지를 전달한 개)·전찰(傳札: 류성룡과 오간 편지) 등의 말로 이것이 비문(碑文)에서 일컬은 '보습록'입니다.

이미 을사년(1845) 사이에 소산(素山: 안동) 김종락(金宗洛) 씨가 저희 조상을 드러내어 기리려는 뜻으로 비로소 보습록 세 글자를 차용하여 난후사(亂後事) 1책을 지었으니, 곧 지금 소위 보습록이라 하는 것이 바로 이것입니다. 이것으로 장본(張本)을 삼아, 재차 전하여 임진기사(壬辰記事)로 되었고 세 번째는 변하여 만휴당 실기(晚休堂實記)가 되었습니다. 저희는 산골에 사는 무식한 백성으로서 단지 조상을 높이면 영광스러운 것인 줄 알았지, 서애(西厓: 류성룡) 대감·충무공(忠武公: 이순신) 대감·학봉(鶴峯: 김성일) 대감·오리(梧里: 이원익) 대감·신 도원수(申都元帥: 신립) 대감에게 핍박하는 것인 줄 알지 못했습니다.

올여름 교감하는 자가 글을 내보냄으로써 거짓 흔적이 비로소 드러나 감옥살이를 하며 형장을 맞는 지경에 이르렀지만, 김씨 양반의 부자 같은 경우는 차마 지은 죄를 사실대로 바로 말하지 못하

도록 했습니다. 지금 결성 영감(結城令監: 류광목) 댁의 소장 가운
데 명백히 곧게 말하였고 게다가 황종철이 틀림없이 의심의 여지
가 없다며 단단히 다짐하여 받아들였으니, 여기에 이르러 저희가
비록 숨기고 싶어도 숨길 수가 없습니다. 이에 삼가 사실에 근거하
여 단단히 다짐하여 받아들이오며, 앞에 적은 항목에서 진짜 보습
록 및 가짜 보습록의 작자 성명을 적은 끝장은 저희의 말처럼 처음
에 감추어서 숨기려는 계획으로 불에 던졌으므로 바칠 수가 없사
옵고, 앞에 적은 항목에 있는 위록(僞錄) 6권의 책자를 모조리 하
회(河回) 류씨댁에 바치오니, 저희가 시종 완강히 사실을 부인한
죄를 이로써 심리하고 처단해주시기를 엎드려 바랍니다.

정묘년(1867) 11월 19일

황하일(黃河一)

황종초(黃鍾梢)

황인수(黃麟秀)

황노수(黃魯秀)

황종승(黃鍾升)

黃宗喆所招內, 矣身[33]近以聞之, 則補拾錄及壬辰記事, 金宗
洛刱造僞錄之意, 納侤[34]於嚴問之下是白齊[35]。

丁卯十一月日。白。

---

33  矣身(의신): 자신을 낮추어 이르는 말. 죄인이 取調官에 대해서 자기를 지칭하
    는 말로 쓰인다.
34  納侤(납고): 관가에 내린 명령이나 조정안을 지키겠다는 다짐.
35  是白齊(시백제): '입니다'의 이두 표기.

矣等³⁶, 神爲先祖遺蹟, 元無壬辰記事, 而只有數片古紙, 卽
河回橋梁³⁷也, 八王洞³⁸定墓也, 馬鞍³⁹及異犬⁴⁰·傳札⁴¹等語, 此
碑文所謂補拾錄。是巳乙巳年間, 素山金班宗洛氏, 以闡揚矣祖
之意, 始借補拾錄三字, 創造亂後事一冊, 卽今所謂補拾錄是
也。以此爲張本, 再傳而爲壬辰記事, 三變而爲晩休堂實記。矣
等以無識山氓, 但知尊祖之爲榮, 不知挺逼於西厓大監·忠武公
大監·鶴峰大監·梧里大監·申都元帥大監矣。 今夏, 校氏出
付⁴², 僞跡始露, 至於牢囚刑杖之境, 爲若金班之兩處, 不忍直
招矣。今則結城令監宅, 狀辭中, 明白直說, 且黃宗哲之納侤丁
寧⁴³無疑, 到此, 矣等雖欲掩諱而不得。玆謹據實納侤是乎㫆⁴⁴,
上項眞補拾錄及假補拾錄, 書作者姓名末張, 矣等言, 初爲藏匿

---

36 矣等(의등): '우리들'·'저희들'의 이두 표기.
37 河回橋梁(하회교량):《晩休堂文集》권2〈附錄·傳來事蹟〉에 의하면 류성룡에게 학업을 청한 사실을 일컬음.
38 八王洞(팔왕동):《晩休堂文集》권2〈附錄·傳來事蹟〉에 의하면, 八旺洞의 오기이며 또 류성룡이 황귀성의 묘소를 정해주었다는 사실을 일컬음.
39 馬鞍(마안):《晩休堂文集》권2〈附錄·傳來事蹟〉에 의하면, 류성룡이 특별히 내려준 것이 보임.
40 異犬(이견):《晩休堂文集》권2〈附錄·傳來事蹟〉에 의하면, 황귀성 집안에 있던 개가 상당한 거리를 오가며 편지를 전달했다는 사실이 보임.
41 傳札(전찰):《晩休堂文集》권2〈附錄·傳來事蹟〉에 의하면, 류성룡과 주고받은 편지가 가득했으나 전란을 겪은 후에 없어졌다는 사실이 보임.
42 出付(출부): 글월 따위를 띄워 보냄.
43 丁寧(정녕): 거짓이 없이 진실하게. 틀림없이.
44 是乎㫆(시호며): '이오며'의 이두 표기.

計, 以爲付火, 故不得納上是乎乙遣[45], 上項僞錄六卷冊子, 盡
爲納上於河回柳氏宅是乎尼[46],  矣等始終抵賴[47]之罪,  以此勘
斷[48]之意, 伏企是白齊. 丁卯十一月十九日。黃河一·黃鍾梢·黃
麟秀·黃魯秀·黃鍾升.』

---

45  是乎乙遣(시호을견): '이옵고'의 이두 표기.

46  是乎尼(시호니): '이오니'의 이두 표기.

47  抵賴(저뢰): 변명을 하면서 신문에 복종하지 않음.

48  勘斷(감단): 예전에, 죄인을 심리하여 그 죄에 따라 처단하는 일을 이르던 말.

## 4. 류광목이 찬한 황귀성의 행장(行狀)

류광목(柳光睦)이 올린 소지에 의하면, 1861년에 황귀성의 후손들이 찾아와 부탁하여 〈임진기사〉의 위작 여부를 제대로 살피지 않은 채 써주었다고 한 행장을 활자화하여 역주한다.

『어느 날, 황하청(黃河淸)·황하린(黃河鱗)·황하일(黃河一) 등이 나를 만나러 와서 눈물을 흘리며 말하기를, "옛날에 우리 선조이신 만휴공(晚休公)께서 왕가(王家)에 복무하여 아름다운 공적을 세운 것이 있었음에도 여태까지 그 덕행을 기록한 행장을 갖추지 못해 전하여 보여줄 수가 없으니 감히 청합니다."라고 하였다. 내가 응대하기를, "만휴옹(晚休翁)이 걸출했음에도 드러내어 서술한 글이 없음은 참으로 개탄스럽습니다. 그러나 나의 필력으로 이를 증명하여 믿음을 얻기에는 부족하니, 이 시대의 후세에 글을 남길 군자를 찾아보시오."라고 하자, 황하청 등이 일어나서 다시 말하기를, "원하건대 7년간 화살과 돌이 쏟아지는 전쟁터에서 막부(幕府: 참모)로서 모시고 다닌 수고를 돌이켜 생각해주십시오."라고 하였다. 나는 즉시 서글픈 심정으로 사과하며 말하기를, "어찌 감히 잊을 수 있겠습니까?"라고 하고서, 마침내 가장(家狀)과 용사실기(龍蛇實記)를 서로 맞추어 가며 공경히 살피고 행장 짓는 일을 마쳤다.
  살피건대 공(公)의 이름은 귀성(貴成), 자는 치장(致章), 호는 만휴(晚休)이다. 그의 선조는 평해(平海) 사람이고, 비조(鼻祖)는 후한(後漢) 때의 학사(學士)인 황낙(黃洛)이다. 그 중엽인 고려 때에 금오장군(金吾將軍) 태자검교(太子檢校) 황온인(黃溫仁)이 있었다. 삼대를 지나 황용(黃㻱)은 대광보국(大匡輔國)으로 시호가 충경(忠敬)이다. 황태백(黃太白)을 낳았으니, 형조전서(刑曹典書)를 지냈고 조선조에 들어와서 우의정에 추증되었다. 이분이 황우(黃祐)를 낳았으니, 병조전서(兵曹典書)를 지냈고 좌의정(左議政)에 추증되었다. 이분이 황천계(黃天繼)를 낳았으니, 삼도(三道) 관찰사를 지냈다. 황희량(黃希亮)은 공조판서(工曹判書)를 지냈으며, 황후로(黃厚老)는 녹사(錄事)를 지냈으며, 황수(黃睢)는 훈도(訓導)를 지냈다. 황문수(黃文壽)는 선교랑(宣敎郎)을 지냈으며, 황종사(黃從仕)는 장사랑(將仕郎)을 지냈는데, 공에게 고조(高祖)와 증조(曾祖)가 된다. 조부는 황맹춘(黃孟春)으로 생원이었다. 부친은 황희손(黃熙孫)으로 통훈대부(通訓大夫)이었으며, 어머니는 숙인(淑人) 의성김씨(義城金氏)이다. 익양리(益陽里) 집에서 공을 낳았으니, 가정(嘉靖) 무신년(1548) 10월 10일이다.

 어려서부터 남다른 자질이 있었으니 뜻이 크고 기개가 있어 구속받지 않았다. 나이 7, 8세에 이미 소인(小人)의 학문을 달가워하지 않은 데다, 가업(家業)이 중도에 기울어진 것을 안타깝게 여겨 진작시키려는 생각이 있어서 학문과 무예를 익혔으나 뜻에 맞는 바가 없었다. 이에 하상(河上: 河回)으로 가서 나의 선조(先祖) 서애 선생(西厓先生: 류성룡)을 찾아뵈니, 선생께서 한 번 보고서 비범하게 여기고 《주례(周禮)》에서 사도(司徒)가 가르쳤던 예의

(禮義)를 먼저 일러주었다. 공(公: 황귀성)이 곧 마음에 새겨 잊지 않고서 몸소 실천하니, 이때부터 날마다 진보되는 바가 있었다.

경인년(1590) 봄에 조정에서 사신을 보내어 통신(通信)하였는데, 학봉(鶴峯) 김 선생(金先生: 김성일)이 부사(副使)가 되자 선생(先生: 류성룡)을 모시고 도성문 밖에서 전별하였다. 임진년(1592) 4월에 왜구가 순리를 어기고 침략해오자 선생이 체찰사(體察使)가 되고서는, 공(公)에게 막부(幕府)에서 보좌하도록 하며 타일러 가르치시기를, "군(君)이 내 문하에 출입한 지가 거의 20년이 된데다 또 군의 충의(忠義)와 지략(智略)이 족히 큰일을 감당할 수 있을 것임을 알기 때문에 이 직임을 맡기니, 처자식을 염두에 두지 말고 더욱 정성과 신의를 다하여 함께 어려운 고비를 극복하세. 군관(軍官)이 많지 않은 것은 아니지만 눈과 귀가 될 임무를 맡기자니 그 적임자를 구하는 것이 가장 어려운데 군은 사양하지 말게나."라고 하였다. 공(公)이 대답하기를, "이처럼 어지러운 때를 당하여 누군들 목숨을 보전하고 가정과 고향을 그리는 마음이 없겠습니까마는, 외람되이 돌보아주신 은혜를 입고도 보답할 방도가 없었는데 어찌 감히 위험이 심하다고 해서 순탄할 때든 위험할 때든 변치 않아야 할 절개를 바꾸겠으며, 비록 지혜가 얕고 용기가 부족하여 보탬이 되는 바가 없을지라도 생사를 같이하는 것이 변변찮은 저의 바람입니다."라고 하였다.

순변사(巡邊使) 이일(李鎰)의 군대가 상주(尙州)에서 무너져 패배했다는 보고가 전해지자, 대가(大駕)가 그날 밤에 서쪽 지방으로 파천의 길을 떠났다. 선생이 호종(扈從)하여 길을 떠나려다가 공(公)에게 이르기를, "나의 일로 말미암아서 험한 길을 건너며 위험을 당하니 어찌 이런 지경에 이른단 말인가?"라고 하자, 공(公)이 대답하기를, "직임(職任)이 비록 다르더라도 나라를 위하는 것이 매한가지입니다. 왜적의 칼에 맞아 죽을망정 일찌감치 결정하였으니, 원하건대 비천한 저 때문에 마음 쓰지 마십시오."라고 하였다.

6월에 대가(大駕)가 영변(寧邊)으로 향할 때, 선생은 천장(天將: 명나라 장수)을 접대하는 일로 평양(平壤)에 머물렀다. 이날 적병이 평양성을 급하게 공격하자, 선생은 좌상(左相: 좌의정 윤두수)·원수(元帥: 도원수 김명원)와 함께 연광정(鍊光亭: 練光亭의 오기)에 올랐다. 붉은 옷을 입은 적도가 몰래 모래언덕까지 다가와서 조총(鳥銃)을 어지러이 쏘아댔다. 공이 즉시 이들에게 편전(片箭: 아기살)으로 쏘게 하여서 연달아 다섯 번이나 쏘았는데, 다친 자가 매우 많으니 왜적이 두려워하여 달아났다.

대가(大駕)가 정주(定州)에 이르렀다가 다시 선천(宣川)으로 피난을 가며 선생에게 정주(定州)를 지키도록 명하였다. 적병들이 창고의 곡식을 약탈하려고 칼을 빼거나 막대기를 메고 사방에서 구름처럼 모여들었는데, 공(公)이 말에 올라 활을 잡고 큰소리로 외치면서 돌격하니 화살을 맞고 쓰러지지 않은 자가 없었다. 한꺼번에 목을 베어 창고 거리에 매달아 놓았더니, 적병들이 간담이 서늘하여 도망쳐 흩어졌다. 본영(本營: 정주)의 창고 곡식은 이로부터 온전할 수 있었고, 용천(龍川)과 철산(鐵山) 등 여러 고을에서 창곡을 약탈하는 자도 사라졌다.

　이때 가뭄이 심하여 강물이 날로 줄어들자, 선생이 상류의 방어를 잘못할까 걱정하고서 장차 강변을 방비할 계책을 논의하였다. 윤두수(尹斗壽) 좌의정이 선생에게 말하기를, "이윤덕(李潤德)은 의지하고 믿기가 어렵지만, 이원익(李元翼)만은 맡길 수야 있으나 소홀히 할 염려가 있으니 황귀성(黃貴成)을 보내어 협력하도록 하는 것이 낫습니다."라고 하였다. 이에, 선생이 공(公)에게 명하여 대정강(大定江)을 지키게 하였다. 대정강 가에는 도망하여 흩어진 군졸들이 계속하여 끊임없이 오고 있었다. 선생은 평양(平壤)이 함락된 것인가 의심하여 공(公)에게 가서 정탐하도록 하였는데, 광례원(廣禮院)에 이르렀을 때 평양에서 강여울을 지키던 군사를 만나 '적병이 한밤중 왕성탄(王城灘)을 습격하여 병사(兵使) 이윤덕(李潤德)은 도망쳤고 평양은 이미 함락되었다.'라고 하는 것을 들었다. 마침내 말을 달려 선생에게 보고하니, 선생이 몹시 놀라서 즉시 공에게 행재소(行在所)에 가서 알리도록 하였다.

　조승훈(祖承訓)이 패하고 안주(安州)를 지날 때, 공(公)이 선생의 명으로 술과 안주를 가지고 가서 위로하며 병사를 물리지 말 것을 권하였으나, 조승훈이 패전한 것을 스스로 부끄러워하여 끝내 요동(遼東)으로 돌아갔다. 이때 천병(天兵: 명나라 군)이 이르렀으나 군량이 준비되어 있지 못하자, 선생이 공에게 이르기를, "지금 듣건대 구성(龜城)에 쌓아둔 곡식이 자못 넉넉하나 아전과 백성들이 떨어져 흩어져서 실어나를 길이 없다고 하니, 군(君)은 홍종록(洪宗祿)과 함께 가게. 홍종록은 일찍이 구성(龜城)에 있었는지라 민심에 잘 부응할 수 있을 것이니, 군(君)의 용기와 지략을 저의 충실함에 더하면 진실로 어렵지 않을 터이네."라고 하였다. 공(公)이 마침내 홍종록과 함께 구성으로 달려가 간신히 산길을 찾아다니며 도망쳐 흩어진 백성들을 불러 모아 충의로써 격려하고 이해로써 설득하기를, "방금 천병(天兵: 명나라 구원병)이 정주(定州)에 도착하였으니 평양을 수복할 기약은 장차 저절로 손가락을 꼽을 수 있으나 다급한 것은 군량이다. 이 고을에 쌓여있는 곡식들을 운송할 길이 없는데, 너희들 또한 왕의 백성일 것이니 품관(品官)이든 아전이든 말할 것 없이 한마음으로 합쳐 운송해준다면 마땅히 행재소에 장계로 아뢰어 각자에게 상을 내리게 할 것이다."라고 하였다. 이에 스스로 서로들 불러 모아 곡식을 메거나 짊어지려는 자가 계속 이어져서 하루도 안 되어 일을 마쳤다.

선생이 치질을 앓아 일을 살피지 못한 것이 여러 날이 되도록 증세가 점점 심해지자, 공(公)이 밤낮으로 간호하면서 공적으로 걱정하고 사적으로 흐느끼며 제 몸은 돌보지 않다가 선생의 병이 회복되고 나서야 비로소 허리띠를 풀었다. 선생이 매양 학봉(鶴峯: 김성일) 선생에게 편지를 보낼 때면 반드시 공을 시켰는데, 김 선생(金先生)이 공의 충성스럽고 근면함을 가상하게 여겨 칭찬하고 격려하며 곡진해 마지않았다.

12월에 천장(天將: 명나라 장수) 이여송(李如松) 등이 안주(安州)에 이르자 선생이 장차 들어가서 만났는데, 공(公) 또한 모시고 들어갔다. 서로 인사할 때 처음에는 한마디 말도 없다가 소매 속에서 평양성의 지도를 꺼내 놓았다. 이 제독(李提督: 이여송)은 나아가 평양성을 포위하고 먼저 보통문(普通門)과 칠성문(七星門)을 공격하였는데, 대포와 화전(火箭: 불화살)을 쏘아댔다. 공(公)이 급히 낙상지(駱尙志)·오유충(吳惟忠) 두 장수에게 좌우에서 협공하도록 권하였다. 적병들이 마침내 버티지 못하고 내성(內城) 안으로 달려 들어가서는 탄환을 어지러이 쏘아댔는데, 아군과 천병(天兵: 명나라 군)들이 많은 해를 당하였다. 공(公)이 제독하게 고하기를 "저들이 내성(內城)으로 들어갔으니 진정 함정에 빠진 호랑이로 형세가 마치 다 죽게 된 듯하외다. 그러나 궁지에 빠진 적이 죽을힘을 다하면 일이 어떻게 될지 헤아릴 수 없음을 삼가 생각하여 퇴로를 조금 열어주었다가 적들을 섬멸하는 것이 낫습니다."라고 하자, 제독이 그 말을 따랐다.

적병이 이미 달아난 뒤, 제독이 연광정(鍊光亭: 練光亭의 오기)에 올라 거문고를 연주하고 북을 두드리자 장수들이 죄다 모였는데, 연회를 베풀어 풍악을 울리며 차례로 승전가를 연주하였다. 이날 밤 달이 밝고 바람에 진군기(進軍旗)가 펄럭일 적에 선생이 급히 청하기를, 머지않아 진군하리니 경성(京城)을 수복할 계책을 세우자고 하였으나, 제독이 그저 응답만 해놓고 실로 진격하려는 뜻이 없었다. 이에 공(公)에게 강여울을 지키는 군사를 감독하도록 명하여 강가를 걸어가다가 때마침 두보(杜甫)가 검각성(劍閣城) 밖을 지나면서 느낀 회포가 떠올라 절구시 1수를 지어 읊조리기를 "붓 던지고 활 잡으니 솜씨 또한 높은데, 대동강물은 정히 도도히 흐르는구나. 훗날 도성 아래에 승전기가 걸리면, 은하수를 끌어와 이 칼을 씻으리라.(投筆操弓手亦高, 大同江水正滔滔. 他時露布王城下, 欲挽銀河洗此刀.)" 하였다. 시를 써서 선생에게 드리니, 선생이 미소를 지으며 말하기를, "이때의 시흥(詩興)이 참으로 우연하지 않은 일이네. 옛날 이른바 장한 무사이자 시인을 자네에게서 보게 되네."라고 하였다.

제독이 진군하려 하면서 공(公)을 불러놓고 이르기를, "이곳에서 경성(京城)과의 거리가 200리도 되지 않으나, 적들이 비록 꺾여 패했다고 하지만 각처로 퇴각하여 주둔해 있는 자들의 수를 헤아리기 어렵소. 또한 우리가 진군한다는 소식을 들으면 필시 요로에 매복하여 마릉(馬陵)의 올가미를 펼칠 것이니, 그대는 우리보다 먼저 정탐하되 연달아 이어서 제때 치보(馳報: 긴급 보고)해 주오."라고 하였다.

이때 적병이 막 퇴각하였는데, 지나온 곳마다 역사(驛舍)는 죄다 텅 비었고 성읍(城邑) 또한 매우 한산하였다. 선생이 양서(兩西: 황해도와 평안도) 관찰사(觀察使)에게 관문(關文: 공문서)을 보내어 군량과 마초를 운송하도록 독촉하고는 공(公)에게 가서 감독하도록 하였다. 공(公)이 밤새도록 달려가며 여러 인편을 거쳐서라도 징발하였는데, 등에 지거나 머리에 이기도 하면서 수로를 통해 실어나르고는, 다시 황주(黃州)에 이르러 제독에게 모두 보고하기를, "황주의 곡식은 죄다 노략질을 당하였으나, 그 외에 각 고을의 군량과 마초는 모두 이미 운송하여 군대를 기다리고 있습니다. 이전에 지나온 마을마다 적병들이 모두 없었으나, 파주(坡州)와 장단(長湍) 동쪽에는 왜적들이 아직도 그곳에 출몰한다고 하지만, 이것은 소장(小將: 황귀성)이 목격한 바가 아니라오. 가만히 생각건대 저들의 사기가 이미 꺾였는데, 어찌 감히 천병(天兵: 명나라 군)이 승승장구하는 길을 굳게 막고자 방자하게 진(陣)을 치겠소이까? 다만 중간에 고개 하나가 있는데, 지세가 험준한 데다 숲이 깊숙하고 빽빽하게 우거져 있으므로 사람을 시켜 그곳에 잠복해 있는지를 살펴 단 한 명의 왜적이라도 몰래 숨어 있는 걱정이 없게 하기를 바라오이다. 용천(龍川)의 동쪽과 개성(開城)의 서쪽은 비록 북을 울리며 거침없이 행군하더라도 걱정할 것이 없소이다."라고 하였다. 제독이 진군하여 이미 개성(開城)에 이르자 갑자기 머뭇거리는 마음이 생겨 며칠 동안 출발하지 않다가 끝내 벽제(碧蹄)에서 패전하게 되었다. 제독은 가정(家丁)이 죽게 된 것을 몹시 애통해 마지않다가, 갑자기 군사를 후퇴시키는 명령을 내렸다.

선생과 우의정(右議政) 유홍(兪泓)이 후퇴하지 말아야 함을 힘껏 간쟁했지만, 제독의 마음을 되돌릴 수가 없었다. 공(公)이 틈을 엿보아 말하기를, "대신들이 힘써 간쟁한 것은 형세상 당연한 바이거늘, 어찌 퇴각을 가벼이 여겨서 적의 기세를 북돋울 수 있단 말이오? 더군다나 이기고 지는 것이야 으레 흔한 일이니, 바라건대 세 번 더 생각해 주시오."라고 하였는데, 제독이 오랫동안 묵묵히 있다가 말하기를, "내가 퇴각해 주둔하려는 것은 잠시 쉬었다가 다시 진격하려는 계획일 뿐이오."라고 하였다. 이날 삼영(三營: 장세작·양원·이여백)의 군사들이 모두 퇴각해 임진강(臨津江)을 건너려 하였다. 정월이라 천병(天兵: 명나라 군)이 경성(京城)으로 향하려고 해도 강물이 반쯤 얼어 건널 수가 없었다. 제독이 사람을 시켜 부교(浮橋)를 만들도록 재촉하기가 성화(星火) 같았다. 선생이 갑자기 갈교(葛橋)를 만들 계책을 내었는데, 우봉 현령(牛

峯縣令) 이희원(李希愿)에게 고을 사람들을 거느리고 칡을 캐어 운반해 오도록 하였다. 공(公)도 간여하게 되어서 이희원 현령에게 이르기를, "백성들이 몹시 지쳐 있어 형세상 위협적으로 독려하기 어려우니 몸소 먼저 수고하여 백성들의 마음을 위로하는 것이 낫소이다."라고 하였다. 마침내 함께 산에 올라가서 칡을 캐었는데, 가장 튼실한 칡을 골라 캐면서 말하기를, "너희들이 왕사(王事: 나랏일)에 수고한 지도 또한 이미 오래된 데다 아울러 이처럼 굶주려 고달프니, 비록 자식으로서 달려오는 정성을 지녔다 한들 어떻게 부역을 견뎌낼 것인가?"라고 하였다. 이에, 백성들이 감격하고 기뻐하며 힘써 칡을 캐니 하루도 되지 않아서 넉넉하였고, 이를 운반하여 강어귀에 도착하였다. 선생이 즉시 새끼를 꼬아 기둥을 견고하게 하고 양쪽 끝에서 버틸 수 있는 줄을 만들도록 하니, 마침내 하나의 큰 다리가 완성되어 대군(大軍)이 무사히 건넜다. 공이 충의(忠義)로써 남을 복종시킴이 대개 이와 같았는데, 이른바 '기쁘게 하여 백성을 부리면 백성이 그 죽음도 잊어버린다.(悅而使民, 民忘其死.)'라고 한 것이 이것이다. 4월에 천병(天兵: 명나라 군)이 경성(京城)으로 진격하여 수복하였고 10월에 대가(大駕)가 도성으로 돌아왔는데, 성상(聖上)을 호종(扈從)한 공로로 공(公)에게 정략장군(定略將軍)의 작위가 내려졌다.

무술년(1598) 11월에 통제사(統制使) 이순신(李舜臣)이 남해(南海)에서 전사하였는데, 선생이 부음을 듣고서 몹시 놀라고 애통해하여 공(公)을 시켜 대신 조문하고 장례의 일을 치르도록 하였다. 공(公)이 일찍이 막부(幕府)에 있으면서 평소 이공(李公: 이

순신)과 충의(忠義)로써 서로 허여하여 정이 매우 돈독하였기 때
문에, 이공(李公)의 조카 이완(李莞)·이분(李芬) 등과 함께 상구
(喪具)를 마련하여 장례를 치르니 애통함이 자못 심하였다.

　선생이 천장(天將: 명나라 장수)을 따라 호남으로부터 영남으로
돌아서 다시 서울로 올라가는데 병산(屛山)의 객관(客館)에 이르
렀을 때, 공이 나아가 간청하기를, "전쟁통에 같이 들락날락한 것
이 이미 여러 해였으나 곡진히 아껴주셔서 낭패를 면하였습니다.
다행히도 지금 천하가 적막하고 강산이 되살아났습니다. 공이 미
약한데도 베풀어주심이 두터워서 외람되이 임금의 사랑과 벼슬을
받았는지라 감축하는 마음이 지극한데 어찌 감히 개인적인 뜻을
아뢰겠습니까만, 지금의 기무(機務: 중요한 직무)를 살펴보면 크
게 관계되는 것이 없으니 바라건대 하찮은 남은 목숨이나마 고향
으로 돌아가 노년을 보내게 해주십시오."라고 하였으나, 선생이 허
락하지 않았다. 공(公)이 다시 알리기를, "조금 전에 집 소식을 들
었사온데 아내의 병이 더욱 위독하다고 합니다. 사람 목숨의 길고
짧음은 실로 헤아려 알기 어려우니, 특별히 제가 돌아가 인정과
도리를 다할 수 있도록 허락해주십시오."라고 하자, 선생이 말하기
를, "7년 동안 먼지투성이 속에서 머리카락도 수염도 모두 다 하얘
져서 나아가는 것도 같이하고 물러나는 것도 같이하기로 서로 기
약했건만, 사정이 이같이 절박하다니 끝내 만류하기가 어렵네. 길
에서 헤어지자니 어찌 애석함을 견디랴?"라고 하였다. 이미 허락
을 받고서 이내 제독에게 돌아가야 함을 고하니, 제독이 선생을
청하여 묻기를, "황귀성(黃貴成)의 재주와 지략이 이미 쓰인 바가

많았고, 사태를 헤아리는 것도 자못 뛰어난 데다 적을 헤아리는 것도 매우 익숙하니 다시 그와 같은 적임자를 얻기가 어렵거늘, 바야흐로 지금 적의 칼날을 미처 다 소탕하지 못하였는데 어찌 갑자기 돌아가겠다고 고하는 것이오?"라고 하니, 선생이 대답하기를, "그 집안의 사정이 절박하여 부득이한 까닭이외다."라고 하였다. 마침내 삼탄진(三灘津)에서 작별 인사를 하고 고향 집으로 돌아왔다.

영인(令人: 외명부 종4품의 품계, 황귀성의 아내)은 이미 병이 위독하였는데, 다가가 부르니 눈을 떠서 그윽이 보고는 죽었다. 살던 집이 비바람에 허물어졌는지라, 이에 몇 칸의 집을 짓고 그 당호(堂號)를 '만휴당(晩休堂)'이라 편액하였는데, 읊은 시가 있다. 마을 어귀를 감싼 낙동강 기슭에 큰 바위가 있었는데, 포암(蒲巖)이라 이름하였다. 대개 여러 세대 동안 은거해 살던 곳으로 '조대(釣臺)'라 부르다가, 이때 이르러 '만휴대(晩休臺)' 또는 '모선대(慕先臺)'라고 고쳐 불렀는데, 시가 있다. 선생이 옷을 걷고 물을 건너는 수고를 걱정하여 하교(河橋)를 만들어주었다. 수암(秀巖)의 잔도(棧道) 또한 그 당시에 개척한 것이다.

어느 날 병이 심하여 동생을 돌아보며 일러 말하기를, "지난번 서쪽 지방으로 가서 왕사(王事: 나랏일)에 분주하여 내 한 몸을 돌볼 겨를이 없었는데, 이제 일을 마치고 물러나 있는 이 몸은 나이가 들어 쇠약해지고 죽을 날이 닥쳐오니 오직 스스로 살펴 허물을 적게 하여 엄숙히 가정을 다스리며 아이와 손자를 기르고 훈육하여 후대에 끼치려고 꾀했으나,

필수(弼守: 황귀성의 아들)의 학업이 아직도 아무런 진보가 없으나 도잠(陶潛)의 〈책자(責子)〉라는 시(詩)야말로 나를 위하여 준비되었도다. 내가 좋아하는 바를 따라 거문고를 타면서 시를 짓는 것만 한 것이 없으리니, 그것으로써 남은 세월을 마치려는데 가능하겠느냐?"라고 하였는데, 유계(遺誡)가 있다. 벗을 초빙하고 아우와 약속하여 이따금 대봉암(對鳳菴)에 올랐는데 또한 읊은 시가 있다.

을사년(1605) 9월 10일에 정침(正寢)에서 운명하였다. 선생(先生: 류성룡)이 지관(地官)에게 명하여 팔왕동(八旺洞, 협주: 風生洞이다.) 술좌(戌坐)의 언덕에 터를 잡도록 하였는데, 영인(令人)을 합장(合葬)하였다.

오호라! 공(公)의 출처와 언행은 전해 보여 줄 만한 것이 많이 있으리라고 생각했으나, 자주 화재를 당해 거두어 보전할 수 없었다. 지금 현존하는 것은 다만 불타고 남은 데서 수습하여 엮은 것인지라, 조각조각 잘리며 뭉개지고 떨어져 나가 서로 견주어 근거로 삼을 만한 것이 없었다. 기축년(1589) 이전은 기재된 것이 전부 빠져 있고, 계사년(1593) 이후는 취할 만하고 공적 삼을 만한 것이 어찌 연자(衍字: 군글자)로만 그득했겠는가마는 대강 자세하지 않게 남아 있다. 무술년(1598)에는 고향 마을로 돌아와 휴식하였고, 그해에 선생 또한 늙어서 벼슬을 그만두셨다. 조용히 모실 때면 뜻을 말씀하신 가운데 들을 만한 것이 반드시 많이 있었을 터인데도 또한 전혀 없으니 애석함을 견딜 수 있겠는가. 그러나 어찌 꼭 솥의 국을 다 먹어본 뒤에야 국 맛을 알겠으며, 전체의 무늬를 다

본 뒤에야 봉황의 무늬를 알겠는가. 다만 한스러운 것은 충성스럽
고 근실하여 세운 공적이 밝게 태상시(太常寺: 奉常寺)에 실려있
는데도 시호(諡號)를 내린 포상이 회맹(會盟: 공훈서를 올리며 임
금과 신하가 서로 맹세하던 일)하는 자리에 들리지 않은 것이다.
혹은 세대가 아득히 멀어 문헌으로 믿게 할 수 없는 것으로 인하여
있었는데도 전해지지 않는 것인가. 아니면 선생이 공훈을 사양하
는 날에 도회(韜晦: 명성을 드러내지 않음)하여 듣지 못하는 것인
가. 공로가 있어도 자랑하지 않음은 공에게 그러한 모습이 있었던
것인가.

영인(令人)은 선성이씨(宣城李氏)이다. 아들 필수(弼守)는 전
력부위(展力副尉)를 지냈다. 손자는 희양(希陽)과 희부(希溥)이
다. 증손자로 첨정(僉正)을 지낸 충건(忠建), 춘보(春輔), 통정대
부 학(鶴)은 희양의 소생이며, 정의(正義)는 희부의 소생인데, 모
두 유학(儒學)을 공부하였다. 그 나머지는 다 기록하지 않는다.

오늘 찾아와서 행장(行狀)을 청한 이는 그의 10세손이다. 고을
의 인사들이 장차 공(公)을 제사 지내려고 영남지역의 예로써 익
양서당(益陽書堂)을 세웠다고 한다.

통정대부(通政大夫) 행(行) 교리지제교(校理知製敎) 겸(兼)
경연참찬관(經筵參贊官) 춘추관기주관(春秋館記注官) 문신(文
臣) 겸(兼) 선전관(宣傳官)

　　　　　　풍산(豐山) 류광목(柳光睦)이 삼가 짓다.

日, 黃生河淸·河鱗·河一等, 來見余, 流涕而言曰: "昔我先
祖晚休公, 服勞王家[49], 著有令績, 而尙闕狀德[50], 無以傳示, 敢

請."余應之曰:"以晚休翁之卓犖, 而無闡述文字, 誠慨然。然余
筆不足徵信 往求當世之立言君子."河淸等, 作而復曰:"願追念
七載矢石, 幕府[51]陪衛之勞."余卽悵然謝之曰:"豈敢忘諸?"遂
就考其家狀及龍蛇事實, 敬覽而卒業焉。

按公諱貴成, 字致章, 號晚休。其先平海[52]人, 鼻祖漢學士諱
洛[53]。中葉高麗, 金吾將軍・太子檢校, 諱溫仁。歷三世, 諱璿,
大匡輔國, 謚忠敬。生諱太白, 刑曹典書, 入本朝, 贈右議政。是
生諱祐, 兵曹典畫, 贈左議政。是生諱天繼[54], 歷三道觀察使。諱
希亮工曹判書, 諱厚老錄事, 諱睢訓導。諱文壽宣敎郞, 諱從仕
將仕郞, 於公爲高曾祖。祖諱孟春生員。考諱熙孫通訓大夫, 妣
淑人義城金氏。生公于益陽里[55]第, 嘉靖戊申十月十日也。

---

49  服勞王家(복로왕가):《書經》〈君牙〉의 "네 할아버지와 네 아버지가 대대로 충정
을 돈독히 하여 왕가에 수고하여 그 이룬 업적이 太常에 기록되어 있다.(惟乃祖
乃父, 世篤忠貞, 服勞王家, 厥有成績, 紀于太常。)"에서 나오는 말.

50  狀德(장덕): 죽은 사람의 공적이나 덕행을 기록한 글로 行狀 등을 말함.

51  幕府(막부): 幕下. 참모.

52  平海(평해): 경상북도 울진군에 위치한 고을.

53  洛(락): 黃洛. 중국 후한 사람. 평해황씨 시조. 交趾國(지금의 베트남)에 사신으
로 가던 길에 풍랑을 만나 떠돌아다니다가 신라의 동북 해변인 평해읍 월송리
崛尾峰 남쪽 기슭 越松峰으로 신라에 귀화하였다.

54  天繼(천계): 黃天繼(생몰년 미상). 본관은 平海, 자는 聖極, 호는 潛齋. 고려
때에 경기도・전라도・경상도 관찰사를 역임하였다. 고려의 국운이 기울자 조카
希碩과 함께 이성계의 조선 건국을 도와 개국공신에 책록되었다. 만년에 치사한
후 주거지를 경기도 抱川에서 영남 禮安으로 옮겼다가, 다시 현재의 안동시 풍
산읍 시후동으로 이거하였다.

55  益陽里(익양리): 경상북도 영양군에 위치한 마을.

幼有異質, 倜儻不羈[56]. 纔齠齔[57], 已不屑[58]爲小人學, 悶家業
中微, 思有以振發之, 而編業書釖, 無所適意. 乃詣河上, 謁吾
先祖西厓先生, 先生一見異之, 首授以周禮司徒之敎. 公卽服
膺[59]而躬行之, 自是日有所進.

庚寅春, 朝廷遣使通信, 鶴峯金先生爲副使, 陪先生, 往餞于
門外. 壬辰四月, 倭冠犯順[60], 先生爲體察, 命公佐幕府, 諭之
曰: "君之出入我門下, 將二十載, 又知君忠義·智略, 足以擔當
大事, 故玆委任, 無以妻孥爲念, 益殫誠信, 共濟艱難也. 軍官
非不衆多, 而耳目之任, 最難其人, 君其勿辭." 公對曰: "當此板
蕩[61]之際, 孰無保軀命戀家鄉之情, 而叨荷眷庇[62]之恩, 無以圖
報, 豈敢以艱危之甚, 變其夷險之節, 雖智勇短淺, 無所裨益,
同爲死生, 是區區之顧也."

巡邊使李鎰軍, 潰于尙州, 敗報聞, 車駕卽夜西狩[63]. 先生扈
從臨行, 謂公曰: "以吾之故, 而涉險濱危, 至於斯耶?" 公對曰:

---

56 倜儻不羈(척당불기): 뜻이 크고 기개가 있어 남에게 매이지 않음.

57 齠齔(초츤): 이를 가는 7, 8세를 지칭함.

58 不屑(불설): 하찮게 여김.

59 服膺(복응): 교훈 같은 것을 늘 마음에 두어 잊지 아니함.

60 犯順(범순): 순리를 거스름. 곧 왜구가 조선을 침략한 것을 일컫는 말이다.

61 板蕩(판탕): 나라가 어지러워 흔들림. 국난이 발생하여 국가가 위기 상황에 당함
   을 이르는 말.

62 眷庇(권비): 돌보아서 보호함.

63 西狩(서수): 임진왜란 때 宣祖가 일본군의 침입으로 도성을 버리고 관서 지방으
   로 피난 간 것을 이르는 말.

"職仕雖殊, 爲國一也。委鋒死綏, 早已決了, 願無以賤軀費念。"
六月車駕, 向寧邊, 先生以接待天將, 留平壤。是日, 賊兵攻城
急, 先生與左相及元帥, 登鍊光亭。有紅衣徒, 暗至沙岸, 亂發
鳥銃。公卽以片箭射之, 連發五巡, 所傷甚衆, 賊畏而逃。

車駕至定州, 還幸宣川, 命先生守定州。賊兵將掠倉穀, 露刀
荷杖, 四面坌集[64], 公上馬搭弓, 大呼突擊, 無不應弦而倒。一齊
斬馘, 懸于倉街, 賊兵喪膽奔潰。本營倉穀, 由此得全, 龍川·鐵
山諸邑, 劫倉者亦熄。

時旱甚, 江灘日淺, 先生慮上流失禦, 將議備邊之計。左相尹
公斗壽, 言於先生, 曰: "李潤德難可倚仗, 獨李元翼可任, 然亦
恐有疎慮, 不如遣黃貴成, 使之幷力。"於是, 先生命公守大定
江。江邊有逃散之卒, 絡繹不絶, 先生疑平壤不守, 使公往探之,
到廣禮院, 遇平壤守灘軍, 聞賊兵夜襲王城灘, 兵使李潤德逃
去, 平壤已陷。遂馳報先生, 先生大驚, 卽使公赴啓行在。

祖承訓之敗, 過安州也, 公以先生命, 持酒饌, 往慰之, 因勸
勿退兵, 承訓自恥敗喪, 竟歸遼東。時天兵將至, 糗粮無備, 先
生謂公, 曰: "卽聞龜城儲穀頗優, 而吏民離散, 輸運無路, 君與
洪宗祿俱往。宗祿曾在龜城, 甚協民心云, 以君勇畧, 兼彼忠實,
固不難矣。"公遂與宗祿, 馳往龜城, 艱尋山路, 相集逃散, 激以
忠義, 喩以利害, 曰: "方今天兵, 已到定州, 平復之期, 果將指
日, 而所急者, 粮饟也。本邑儲峙, 輸運無路, 汝等亦王民也, 勿

---

64 坌集(분집): 복잡하게 무더기로 모여듦.

論品官與吏胥, 同心輸致, 則當啓聞行在, 各酬勳賞矣." 於是,
自相招集, 擔負連續, 不日而畢.

先生以痔疾, 不能視事者累日, 症轉危劇, 公晝夜調護, 憂公
泣私, 不知有身, 及至復初, 方自解帶. 先生, 每與鶴峯先生, 往
復書牘, 而必使公, 金先生嘉公忠勤, 獎詡勸勉, 眷眷不已.

十二月, 天將李如松等, 到安州, 先生將入見, 公亦陪從. 及
其相見, 初無一言, 袖進平壤地圖. 李提督, 進圍平壤, 先攻普
通·七星門, 以大砲火箭發之. 公急勸駱吳兩將, 左右翼擊. 賊
兵遂不能支, 走入內城, 亂發銃丸, 我軍與天兵, 多被害. 公告
提督曰: "彼入內城, 正如落阱之虎, 勢似盡劉. 而竊念窮冠致
死, 機不可測, 莫若少開走路, 以勦滅之." 提督從之.

賊兵旣遁, 提督上鍊光亭, 彈琴鳴鼓, 諸軍帥畢會, 設宴陳樂,
次第奏凱. 時夜月明, 風檣正動, 先生亟請, 指日進兵, 爲收復
京城之計, 提督謾應, 實無進意. 仍命公往監守灘軍, 行過江渚,
有杜甫劍外之懷感, 吟一絶曰: "投筆操弓手亦高, 大同江水正
滔滔. 他時露布王城下, 欲挽銀河洗此刀." 寫呈先生, 先生徵笑
曰: "此時詩興, 誠不偶然, 古所謂壯士而詩人, 於君見之矣."

提督將進兵, 呼公謂之, 曰: "此距京城, 不滿二百里, 賊雖摧
敗, 各處退屯者, 其數難算. 且聞我之進, 必將要險設伏, 以圖
馬陵之計, 君其先我偵探, 連續馳報." 時賊兵新退, 所徑驛舍,
擧皆空虛, 城邑亦俱蕭條. 先生移關于兩西觀察使, 催運粮草,
命公往督. 公星夜[65]馳詣, 轉遞[66]調發, 負戴漕輸, 還到黃州, 盡
報提督, 曰: "黃州之粟, 盡被彼掠, 其外各邑糧草, 俱已輸待軍.

前所經村邑, 幷無賊兵, 而坡端以東, 尙或出沒云, 此非小將之
所目擊。 竊念彼旣沮挫[67], 豈敢拒塞天兵長驅之路, 肆然屯結
哉? 但中間有一嶺, 地勢險阻, 林木邃密, 故使人探察, 則幸無
一倭隱伏之患。 龍川以東, 開城以西, 雖鳴鼓長驅[68], 不足慮也."
提督進兵, 旣至開城, 遞有遲回之意, 累日不發, 竟致碧蹄之敗。
提督以家丁之致死, 痛傷不已, 猝發退軍之令。

　先生及右相兪泓, 力爭不得。 公乘間進告曰: "大臣之力爭, 勢
所當然, 豈可輕退, 以肋賊氣耶? 且勝敗自是常事, 願加三思."
提督默然良久曰: "吾之退屯, 將少休以進爲計耳." 是日, 三營
俱退, 渡臨津。 正月, 天兵將向京城, 水泮不得渡, 提督使人促
造浮橋, 急如星火。 先生倉卒得葛橋之策, 命牛峯[69]倅希愿[70], 董
率[71]人民, 採葛輸運。 公亦與焉, 謂李倅曰: "民力疲劇, 勢難威
督, 莫如躬自先勞, 以慰民望." 遂與登山採葛, 擇其最誕者而採
之, 曰: "汝等勞於王事, 亦已久矣, 兼此飢困, 雖有子來之誠[72],

---

65　星夜(성야): 내처 밤을 새움.
66　轉遞(전체): 다음에서 다음으로 보내어 전하는 人便.
67　沮挫(저좌): 의기나 사기가 떨어져 꺾임.
68　長驅(장구): 앞만 보고 쉬지 않고 달리는 것을 이르는 말.
69　牛峯(우봉): 황해도 금천군에 위치한 고을.
70　希愿(희원): 李希愿(1538~1608). 본관은 全義, 자는 子厚·士謹. 1568년 진사
　　시에 합격하고 음직으로 관직에 나아가 1592년 兔山縣監을 지냈다. 1601년 여
　　주목사에 제수되었고, 1604년 홍주목사에 제수되었다.
71　董率(동솔): 감독하여 거느림.
72　子來之誠(자래지성): 백성들이 자발적으로 부응한다는 말. 《詩經》〈大雅·靈

何以堪役?"於是, 民人感悅力採, 不日而足, 輪致江頭。先生,
卽令絞索堅柱, 施經兩岸撑緯, 遂成一巨橋, 大軍穩渡。公之忠
義服人, 類如此, 所謂悅而使民, 民忘其死[73]者。夫四月天兵, 進
復京城, 十月車駕還都, 酬扈聖勞, 賜公爵定晷將軍。

　戊戌十一月, 統制使李舜臣, 戰殉于南洋, 先生聞極驚慟, 使
公往代吊奠, 仍治喪事。公曾在幕府, 素與李公, 忠義相許, 情
甚篤至, 以故與其侄莞·芬等, 幹治喪具, 哀痛殊甚。

　先生, 從天將, 自湖返嶺, 復上京師, 至屛山館, 公進懇曰:
"出沒戰塵, 已積歲年 而曲加生成, 俾免僨敗[74]。幸今寰宇[75]肅
淸[76], 山河再造。功微酬厚, 叨荷寵秩, 感祝之極, 豈敢控私, 而
見今機務, 無甚關係, 願假微喘, 歸老田里。"先生不許。公又告
曰:"俄聞家奇, 妻病甚篤。人命修短, 固難預測, 特許一歸以伸
情理。"先生曰:"七年塵埃, 頭鬚共白, 偕來偕歸, 曾所相期, 而

---

臺〉에 "서민들이 일을 하는지라 하루가 되지 않아 완성되도다. 빨리 짓지 말라고
하여도 서민들이 자식처럼 오도다.(庶民攻之, 不日成之. 經始勿亟, 庶民子
來.)"라고 하였는데, 주희의 주에 "민심이 즐거워하여 자식이 어버이 일에 달려
오듯이 하여 부르지 않아도 스스로 온 것이다.(民心樂之, 如子趣父事, 不召自
來也.)"라고 하였다.

73　悅而使民, 民忘其死(열이사민, 민망기사):《周易》〈兌卦·象辭〉에 "백성의 마
　　음을 기쁘게 하여 백성들을 인도하면 백성이 수고로움을 잊게 되고, 백성의 마음
　　을 기쁘게 하여 어려운 일을 하면 백성이 죽음조차도 잊어버리게 된다.(說以先
　　民, 民忘其勞, 說以犯難, 民忘其死.)"라고 한 데서 나온 말.

74　僨敗(분패): 일을 잡쳐서 실패함.

75　寰宇(환우): 천자가 다스리는 땅 전체. 천하.

76　肅淸(숙청): 쓸쓸함. 적막함.

情迫如此, 有難終挽。臨路分袂, 豈勝惜哉?"旣獲命, 乃告歸提
督, 提督請先生, 問之曰:"黃貴成之才畧, 己多需用, 而料事頗
優, 量敵甚熟, 難可更得其人, 方今氛塵未盡掃, 何遽爾告歸
也?"先生曰:"其家情景有迫, 不得已故也."遂拜辭于三灘津,
歸故廬[77]。

　令人[78]已疾革, 就而呼之, 擧目熟視而卒。所居廳事, 爲風雨
所壞了, 乃築數間屋, 額其堂曰晚休, 有詩。里門襟帶洛水, 江
岸有巨巖, 名蒲巖。蓋累世者, 考盤[79]之地, 號爲釣臺, 至是更
題, 曰晚休臺, 又慕先臺, 有詩。先生慮公揭厲[80]之勞, 創造河
橋。秀巖[81]棧道, 亦當時所拓。

　一日病甚, 顧謂弟曰:"往者西征, 奔走王事, 未遑恤私, 今事
竣身退, 年衰日迫, 惟當省己寡過, 肅齊家政[82], 訓養兒孫, 以謀
貽後, 而弼守學業, 尙無所進, 陶潛責子詩, 爲我準備也。莫如
從吾所好, 鼓琴賦詩, 以終餘年, 可乎?"有遺誡。招朋約弟, 時
登對鳳菴, 亦有吟。以乙巳九月十日, 考終于寢。先生命地師,

---

77　故廬(고려): 옛집. 전에 살던 집.

78　令人(영인): 外命婦 종4품의 품계.

79　考盤(고반): 考槃. 산림에 은거하며 안빈낙도하는 은사의 생활.《詩經》〈衛風·
　　考槃〉에 "산골 시냇가에서 소요하니, 현인의 마음이 넉넉하네.(考槃在澗, 碩
　　人之寬.)"라고 하였다.

80　揭厲(게려): 옷을 걷고 물을 건넘.《詩經》〈邶風·匏有苦葉〉의 "깊으면 옷 입은
　　채 얕으면 옷 걷고 건너야 하네.(深則厲, 淺則揭.)"라고 한 데서 나온 말.

81　秀巖(수암): 류성룡이 懲毖錄을 집필한 玉淵精舍 남쪽에 있음.

82　家政(가정): 집안 살림을 맡아서 다스리는 일.

占壙于八旺洞【卽風生洞】，負戊原，祔令人。

嗚呼! 公出處·言行，想多有可以傳示者，而累經熖火，不克[83]收保。今所見存，只是綴拾於煨爐之餘，斷爛訛缺，靡所考據。己丑以前，全漏記載，癸巳以後，可取可蹟者，豈止衍字[84]充棟[85]，而畧存未詳。戊戌歸休田里，是歲先生亦告老[86]矣。燕侍之際，必多有言志之可聞者，而亦全闕焉，可勝惜哉? 然何必盡鼎然後知太羹之味[87]，全體然後識鳳凰之文? 獨恨忠勤勞績，昭載太常[88]，而錫號之褒，無聞於會盟[89]之席。或因世級[90]悠遠 文獻無徵，有之而未之傳歟? 抑當先生辭勳之日，韜晦而不聞耶? 勞而不伐[91]，公其有諸?

夫令人宣城李氏。子弼守展力副尉。孫希陽·希溥。曾孫忠建

---

83　不克(불극): ~할 수 없음.

84　衍字(연자): 글에서, 들어가지 않아도 될 곳에 쓸데없이 들어간 군글자.

85　充棟(충동): 汗牛充棟. 집안에 가득하다는 뜻으로, 장서가 많음의 비유.

86　告老(고로): 늙어서 벼슬을 그만둠.

87　盡鼎然後知太羹之味(진정연후지태갱지미):《淮南子》〈說林訓〉에 "한 점의 고기를 맛보면 솥 안의 고기 전부의 맛을 알 수 있다.(嘗一臠肉而知一鑊之味.)"라고 한 것을 활용한 표현.

88　太常(태상): 太常寺. 제사와 諡號를 議定하는 奉常寺를 이르는 말이다.

89　會盟(회맹): 공훈이 있는 사람의 이름을 책에 써 올릴 때에 君臣이 모여서 서로 盟誓하던 일.

90　世級(세급): 순차로 전하여 가는 세대.

91　勞而不伐(노이불벌):《周易》〈啓辭〉에서 孔子가 "공로가 있으면서도 자랑하지 않고, 功이 있어도 덕을 드러내지 않음은 두터움의 지극함이다.(勞而不伐, 有功而不德, 厚之至也.)"라고 한 데서 나오는 말.

斂正, 春輔, 鶴通政, 陽出, 正義, 溥出, 皆業儒。餘不盡錄。

今來請狀者, 其十世孫也。鄉之人士, 將謀祀公, 以丙丁[92]之禮, 建益陽書堂云。

通政大夫 行校理知製教 兼經筵參贊官 春秋舘記注官 文臣兼宣傳官 豐山柳光睦謹撰』

---

92  丙丁(병정): 방위로는 남쪽을 가리킴. 곧 영남지방을 일컫는다.

## 5. 김종락의 〈서만휴당황공기사후(書晩休堂黃公記事後)〉

앞서 살펴본 것처럼 류광목(柳光睦)의 소지, 영사의 판결문, 그리고 황하일(黃河一) 외 4인의 소지 등에서 〈임진기사〉를 날조한 이로 김종락(金宗洛)이라고 언급되어 있는데, 김종락은 어떤 마음인지를 알고자 그의 문집에서 다음의 글을 취하여 역주한다.

『예장(預章: 預樟) 같은 재목은 반드시 강남(江南)에서 자라고, 뜬구름을 밟는 청총마(青驄馬)는 반드시 기북(冀北)에서 생산되니, 대개 영험한 기운을 받아 기르는 그런 땅이 절로 있지만, 반드시 끝내 도목수(都木手)가 눈여겨보자 대들보로 쓰였고 백락(伯樂)이 지나가자 천리마가 가려졌으니, 만일 세상에 훌륭한 장인과 안목이 밝은 자가 없다면, 우리는 하늘을 찌르는 나무와 천 리를 달리는 말이 깊은 산속에서나 차디찬 마구간에서 속절없이 보낼까 염려한다.

지금 평해(平海) 황공(黃公: 황귀성)이 바로 그런 사람이다. 용사지변(龍蛇之變: 임진왜란)을 당하여 일찍이 서애(西厓) 류 선생(柳先生: 류성룡)의 좌막(佐幕: 참모)이 되었는데, 계획을 도우며 자기의 뜻을 펼치면서 협의하여 계책을 정하였으니 다만 평원군(平原君: 趙勝)의 이동(李同: 李談), 장순(張巡)·허원(許遠)의 제운(霽雲: 南霽雲) 같았을 뿐만이 아니었다. 그리고 바야흐로 왜적이 쳐들어와 8도가 와해되어 강회(江淮: 장강과 회수)의 보장(保障: 보루)이었던 수양성(睢陽城)과 같이 위기일발의 상황을 맞왔을 때, 류 선생이 나라를 위해 중임을 맡아 뛰어난 인물들을 추천하거나 발탁하였으니 권 원수(權元帥: 權慄)·이 충무(李忠武: 이순신) 같은 이는 육지와 바다의 대장이 되고, 신경진(辛慶晉)·홍종록(洪宗祿) 같은 이는 군무를 돕는 종사관이 되어 제때 쓰이면서 각각 그 재능에 맞았다. 공(公: 황귀성) 같은 경우는 이웃 마을에 생장하여 진작 평소에 닦았던 것을 알았거니와 영부(營府) 사이에서 잠시도 떠나지 않고 급한 일이 생기면 함께 계책을 정하여 세웠다. 곧 장하고 기발한 전략이 대부분 그의 손에서 나왔으니, 칡뿌리를 캐도록 하여 임진강(臨津江)에 부교(浮橋)를 홀연히 만들었고, 급히 말을 달려 성을 지켰으며, 정주(定州)의 창고 곡식도 한 필의 말로 온전하게 한 것이다. 허둥지둥 칼 한 자루를 쥐고 거리낌 없이 다니며 비록 시퍼런 칼날을 밟아 싸움터에서 말가죽에 싸여 죽더라도 곧바로 받아들이고 원망과 후회가 없었으므로 그의 시(詩)에 이르기를, "붓 던지고 활 잡으니 솜씨 또한 높은데, 대동강물은 정히 도도히 흐르는구나. 훗날 도성 아래에 승전기가 걸리면, 은하수를 끌어와 이 칼을 씻으리라.(投筆操弓手亦高, 大同江水正滔滔. 他時露布王城下, 欲挽銀河洗此刀.)" 하자, 선생이 놀리듯 말하기를, "군은 굳센 무사이면서 시인을 겸했다고 이를 만하구나."라고 하였으니, 이것이 어찌 단지 천금(千金) 같은 포폄일 뿐이랴? 당시 도성 안에 있던 충성스럽고 장한 군사들이 간담이 서늘해지며 머리털이 곤두서 있는 것을 생각하여 격려한 것이리라. 오호라! 충무공(忠武公: 이순신)이 남해(南海)에서 승전한 것은 실로 우리나라의 존망과 앞날에 관계된 것으로 흉악한 왜구의 사기를 꺾어놓아 해신(海神)이 북을 치며 춤추었지만, 그 별이 남쪽 수영(水營)에 떨어졌을 때는 곡소리가 바다를 진동시켰다. 이 얼마나 위급한 지경인데도 선생이 공(公)에게 명을 내려 대신 제전(祭奠)하고 곡(哭)하도록 하자, 시신을 거두어 장례를 치르러 전쟁통의 길에서 고향으로 가는 영구(靈柩)를 잘 호송하였으니, 공(公)이 세운 공훈은 여기서 가장 큰 것이 되었고 난리가 닥쳤어도 피하지 않는 용기를 대부분 엿볼 수 있다. 유독 애석하게도 미관(微官)에 하반(下班: 낮은 반열)이고 공적까지 드러나지 않아 마침내는 백세(百世)의 아름다운 이름이 석실(石室)에서 자취도 없이 사라지도록 내버려 두었으니, 단서(丹書: 錄券)에 '안진경(顔眞卿)이 어떤 사람인지 모르는데 이렇게 할 수 있었던 것인가?'라고 한 것이야말로 틀림없이 공(公)을 두고 말한 것이리라.

어느 날 후손 황종여(黃鍾呂)와 황종의(黃鍾義)가 1권의 문집을 가지고 와서 나에게 보였는데, 바로 장군의 임진기사(壬辰記事)였으나 선생의 《징비록(懲毖錄)》과 견주니 상세함과 간략함에 있어서 약간의 차이가 있었다. 거듭 화재를 당해 백에 한둘만 남아서 문장이 빠지거나 구절이 끊어져 문리(文理)가 이어지지 않았다. 그러나 경황이 없는데도 의기를 토하여 무지개를 빚어내듯 하고 바람을 몰면서 물결을 헤치는 듯한 기세가 있었으니, 기술 방법 또한 조리가 있어 사가체(史家體)를 깊이 갖추었다. 진실로 당시에 재주와 기량을 아울러 갖추었으니, 류 선생은 인재를 얻은 것이다.

공(公)은 평해인(平海人)으로 이름은 귀성(貴成), 자는 치장(致章), 만휴(晩休)는 그의 호이다. 빼어난 풍도에 얽매이는 바 없이

완력이 남보다 뛰어났는데, 선생과 임진왜란 때 환난을 같이하며
마침내 큰 공적을 이루었다. 아! 공(公)의 지혜, 용기, 담력, 지략은
비록 평소에 품은 것이었을지라도, 만약 선생의 지인지감(識人之
鑑)이 보통 사람보다 훨씬 특출하지 않았으면 어찌 이같이 추천되
어 발탁되었겠는가? 옛날 태사공(太史公)이 백이전(伯夷傳)을 서
술하여 말하기를, "선비는 청운(靑雲)의 선비에게 붙지 아니하면
어찌 후세에 시행될 수 있으랴!"라고 하였는데, 나도 만휴공(晩休
公)에 대해서 그렇게 이르리라.

　預章[93]之材, 必生於江南[94], 翕雲[95]之驄, 必産於冀北[96], 盖其
毓靈鍾氣, 自有其地, 而必竟匠石[97]睨[98]之, 作爲棟樑, 伯樂過
之[99], 拔其驥騠, 若使世無良工·具眼, 則干霄之質, 千里之逸,
吾恐其虛老於深山冷櫪之中矣。今平海黃公, 其人也。當龍蛇之
變, 嘗爲西厓柳先生佐幕, 其贊畫經綸, 恊謀定畧, 不啻如平

---

93　預章(예장): 預樟. 천하의 名木. 《史記》 권117 〈司馬相如列傳〉의 正義에 "豫
　　는 지금의 枕木이고 樟은 지금의 樟木(녹나무)이다."라고 하였다. 사람의 뛰어
　　난 자질과 局量을 비유한다.

94　江南(강남): 중국 양자강의 남쪽 지역을 이르는 말.

95　翕雲(섭운): 구름을 밟음. 天馬가 올라가서 뜬구름을 밟는다는 의미이다.

96　冀北(기북): 冀州의 북부. 直隸省으로 준마의 생산지이다.

97　匠石(장석): 都木手의 별칭.

98　睨(아): 睨의 오기.

99　伯樂過之(백락과지): 韓愈의 〈送溫處士赴河陽軍序〉에 "백락이 기북의 들판을
　　한 번 지나가자 말들의 그림자가 보이지 않게 되었다.(伯樂一過冀北之野, 而馬
　　群遂空.)"는 유명한 표현에서 나오는 말. 伯樂은 중국 전국시대 周나라 사람으
　　로 말 감정가이다.

原<sup>100</sup>之李同<sup>101</sup>·巡遠<sup>102</sup>之霽雲<sup>103</sup>。而方其漆齒<sup>104</sup>長驅, 八域<sup>105</sup>瓦解, 江淮<sup>106</sup>堡障<sup>107</sup>, 危如一髮, 時柳先生, 爲國重任, 遷擢才俊, 如權元帥·李忠武, 爲水陸大將, 如辛慶晉·洪宗祿, 爲贊軍從事, 應時需用, 各當其才。如公生長鄕里, 夙知素畜, 暫不離於營府<sup>108</sup>之間, 凡有緩急, 與定籌畫<sup>109</sup>, 而壯猷奇策, 多出其手, 倩

---

100 平原(평원): 平原君. 중국 전국시대 趙나라 公子 趙勝의 봉호. 인품이 어질고 빈객을 좋아하여 그를 추종하는 빈객이 수천 명에 이르렀다고 한다. 司馬遷은 "평원군은 혼탁한 세상에 고결한 풍도를 지닌 아름다운 공자였다."라고 논평하였다.

101 李同(이동): 李談. 평원군의 식객. 이동은 평원군에게 "지금 邯鄲의 백성들은 땔감이 없어 사람의 뼈를 태우고 식량을 구하지 못해 자식을 서로 바꾸어 먹고 있습니다. 그런데 선생의 후궁들은 100여 명을 헤아리며 첩들마저 비단옷을 입고 쌀밥과 고기반찬을 남긴다 합니다. 만약 진나라가 조나라를 무너뜨린다 해도 평원군께서 여전히 호화롭게 살 수 있겠습니까? 창고에 쌓인 곡식들을 풀어 병사들과 백성들에게 나누어주신다면 모두가 감격하여 평원군을 따를 것입니다."라고 하니, 조승이 이를 따라서 군사 3,000명이 모이자, 李同은 그 군사를 이끌고 진나라 군대를 향해 필사적으로 돌진하여 마침내 진나라 군대를 30리나 물러나게 했으나 그는 전사하고 말았다.

102 巡遠(순원): 唐나라 玄宗 때 安祿山이 漁陽에서 반란을 일으켜 장안을 향해 파죽지세로 밀려올 때, 睢陽에서 이들을 맞아 싸우다가 장렬하게 전사했던 張巡과 許遠 두 장수를 가리킴.

103 霽雲(제운): 南霽雲. 張巡의 부하. 安祿山의 반군과 맞서 싸우다 패하여 잡힌 후 항복을 거부하고 절개를 지키다 처형되었다.

104 漆齒(칠치): 왜적을 가리킴. 일본 풍속에 결혼하지 않은 여자는 이를 검게 칠한 데서 유래한다.

105 八域(팔역): 조선시대의 지방 행정 구역인 8道를 이르는 말.

106 江淮(강회): 長江과 淮水 일대. 지금의 江蘇省과 安徽省 일대에 해당한다.

107 江淮堡障(강회보장): 江淮保障. 唐나라 張巡과 許遠이 지키다가 고립무원의 상황에서 安祿山의 군대에 끝까지 항거하다 죽은 睢陽城을 가리킴.

命採葛, 臨津之浮橋忽成, 急馬守城, 定州之倉穀, 賴完匹騎。倉
黃尺釖橫行, 雖蹈白刃裹馬革, 直受之而無怨悔, 故其詩曰: "投
筆操弓手亦高, 大東江水正滔滔. 他時露布王城下, 欲挽銀河洗
此刀." 先生戲之, 曰: "君可謂壯士而兼詩人." 此豈但千金之襃
貶? 而當日城中, 忠壯之士, 想膽靑髮竪而激勵者矣。嗚呼! 忠
武公南海一捷, 實係我國之存亡關顱[110], 而使凶寇氣挫, 海神鼓
舞, 及其星隕南營, 哭聲振海。此何等危地急境, 而先生命公代
奠替哭, 收屍治喪, 能使搶攘之路, 善護旅櫬[111], 則公樹立之勛,
於是爲大, 而其臨亂, 不避之勇, 槩可見矣。獨惜其微秩下班, 功
績未敏, 遂使百世榮名[112], 湮沒於石室, 丹書[113]不識顏眞卿何狀
乃爾[114]者, 政爲公發也。日後孫鍾呂·鍾義, 持一卷集而示余,

---

108 營府(영부): 지방의 관찰사가 있는 감영과 대도호부사·도호부사가 있는 관아를
    아울러 이르는 말.
109 籌畫(주획): 계책을 세움.
110 關顱(관로): 頭顱. 앞길. 蘇軾의 시〈送段屯田分得于字〉에 "나이 쉰 어찌 앞길
    예견 못하랴, 사람 무서워 못 나가면 바보 중에 바보리라.(四十豈不知頭顱, 畏
    人不出何其愚.)"라는 구절이 있다.
111 旅櫬(여츤): 객지에서 죽은 자의 靈柩를 말함.
112 榮名(영명): 《晩休堂文集》에는 '英名'으로 되어 있음. 이에 따라 번역하였다.
113 丹書(단서): 임금이 功臣에게 주는 공적을 기재한 錄券. 붉은 글씨로 쓰고 원본
    은 石室에 보관한다.
114 不識顏眞卿何狀乃爾(부지안진경하상내이): 唐나라 玄宗 때 安祿山이 반란을
    일으키자, 당시에 河北의 24개 郡이 모두 무너져 안녹산에게 항복하였는데 오직
    平原太守 안진경만이 성을 지킨 일이 보고되어 현종이 기뻐하면서 "짐은 안진경
    이 어떤 사람인지 알지 못하는데 이렇게 할 수 있었는가?(朕不識顏眞卿作何狀
    乃爾.)"라고 감탄한 데서 나오는 말.

乃將軍壬辰記事, 而與先生懲毖錄, 詳略有少異。重値鬱攸[115],
百存一二, 缺章斷句, 文理不屬。而遑遑有吐氣成虹·驅風破浪
之勢, 記法亦有條理, 深得史家體。眞當時幷用之材器, 而柳先
生, 能得士矣。公平海人, 諱貴成, 字致章, 晚休其號也。英爽不
羈, 膂力過人, 先生同患難於壬辰, 遂成大績。噫! 公之智勇膽
略, 雖有素抱者, 而若非先生識人之鑑, 迥出尋常, 豈能如是薦
拔哉? 昔太史公, 敍伯夷傳曰:"士非附靑雲之士, 烏得施於後世
哉?"吾於晚休公亦云.』

---

115 鬱攸(울유): 화재.

# 6. 17세기 전란 실기의 문헌 전재 양상에 대한 제언

17세기는 동아시아 권력 구도의 대전환기였다. 양란(왜란, 호란)을 거치면서 중국은 명에서 청으로 왕조가 교체되었고, 일본은 막부시대가 막을 내렸다. 혼란의 틈바구니에서 조선의 국토와 백성은 초토화되기에 이르렀다. 전쟁과 참화로 뒤얽힌 조선, 그리고 동아시아의 변혁은 중요한 시대적 전환기로 오늘의 역사에 기억되고 있다. 이러한 역사적 기록이 오늘날까지 오롯이 기억될 수 있었던 배경에는 바로 기록 문헌이 놓여있다.

특히 임병 양란을 중심으로 한 전란 문헌은 국가와 개인 모두에게 큰 상흔을 주었던 역사를 충실하고 생생하게 남기고자 한 피와 땀의 기록이라고 할 수 있다. 이들 기록은 다행하게도 국가의 공식 문헌에서 개인의 사적 일기에 이르기까지 폭넓은 자료를 통해 기록되고 전해졌다. 국가의 공식 문헌은 애초에 위정자의 입장에서 큰 흐름의 줄기를 잡기 위해 취사선택한 기록이기에 사건을 입체적으로 조명한 것이라 보기 어렵다. 게다가 조선 전체를 샅샅이 관통하여 조망한 기록이 아닌 까닭에 곳곳에 허술한 구석이 수두룩하기 마련이다. 이러한 허점을 꼼꼼하게 메우면서 실제로 일어난 사건의 전말을 세밀하게 드러내 보여주는 자료가 바로 개인이 기록한 문헌이거니와 대표적인 것이 바로 '실기(實記)'이다. 이러하다면 관찬이든 사찬이든 상관하지 말고 사실 기록의 적실성을 따지는 사료적 비판을 거쳐 문헌자료 가치의 등급을 부여해야 할 것이다.

실기는 사실의 기록에 해당하는 것으로, 이는 조선시대 사인(士人)들이 기록 문헌에 대해 기본적으로 가지던 춘추필법의 정신이 선명하게 투영된 것이라 할 수 있다. 이른바 기록 정신에 입각하여 자신의 삶을 둘러싼 일상의 기록에서부터 국가의 명(命)에 해당하는 역사적 사건에 이르기까지, 그것을 정확하게 기록하려는 의식이 내면화되어 현상된 것이 바로 실기인 것이다. 이에 임병 양란과 같은 국가적 재난에 대한 기록은 더더욱 투철하고 세밀하게 수행될 수밖에 없었고, 어떤 방식으로든 후세에 남겨 전하려 했던 의식이 확고했기에 그 기록이 오늘날까지 전해질 수 있었다.

하지만 기록은 공적이든 사적이든 사람에 의해 남겨지는 것이므로 철저하게 객관적인 시각과 입장으로 마주하기가 본질적으로 어렵다. 특히 실기의 경우 전란의 참화 속에서 타인의 처참한 생사에 대한 목도인 동시에 풍전등화 같은 자신의 생존 역시 도모해야 했던 처절하고 절박한 생존의 기록이며, 다시 떠올리고 싶지 않은 고통의 기억을 실체화하는 과정인 까닭에, 그 기록이 가진 현실성과 현장감은 기록자의 고통에 버금가는 결과라 할 것이다. 그렇기에 기록 과정에서 사건 당시의 기억이 여과되고 뒤틀리며 착종되어 기록되는 혼선이 노출되는 경우도 있으며, 기록 문헌이 후대로 전승되면서 후손이나 가문을 중심으로 특정한 목적에 의해 변개되거나 부연, 확장되어 가공되는 경우도 있다. 두 가지 경우 모두는 기록에 담긴 고통의 현실성과 현장감을 객관적으로 감당하기가 실로 버겁기 때문에 발생한다고 할 수 있다.

여하한 17세기 전후의 전란 실기 문헌은 직접적인 경험의 기록이거나 훗날 그 경험에 대한 기억의 재현이라 할 것인데, 기록 문헌의 수는 많으나 파편적이고 전문한 것을 옮기는 데만 그치고 있으며 전란 이후 기억의 편린에 따라 기록한 것이 대부분이다. 정작 당시의 상황을 생생하고 미시적으로 남긴 자료는 상대적으로 드문 것이다. 그러하지만 중요한 점은 바로 이렇듯 사건의 현실성과 현장감을 생생하게 담고 있는 기록으로 인해 우리는 당대의 상황과 현실을 폭넓게 조망할 수 있을뿐더러 세밀한 정황과 왜곡된 현실을 바로잡을 수 있는 계기를 마련할 수 있다는 것이다.

이러한 실기 문헌은 그 특성상 경험과 전언의 적실한 기록인 것으로만 그 자체에 관심을 가지는 것이 중요하였다. 그리하여 거시적이고 전체적인 시각의 자료가 가지는 한계에 대해, 미시적이고 국부적인 시각의 자료로서 개인 실기가 그 보완재 역할을 톡톡히 할 수 있었다.

이러한 시각은 여전히 그대로 유지될 필요가 있지만, 이제는 실기에 있어서 문헌 전재(轉載)의 흐름도 관심의 대상이 될 필요가 있는 시점이 아닌가 한다. 한때 야담 연구에 있어서 중요한 경향의 하나가 전대 문헌의 수용 양상이었던 것처럼, 아래의 양상을 보면 주목해야 할 대목으로 여겨지기 때문이다.

㉮ 친척관계

정경득(鄭慶得), 《호산만사록(湖山萬死錄)》[116]

정희득(鄭希得), 《월봉해상록(月峯海上錄)》

정호인(鄭好仁)·정호례(鄭好禮), 《정유피란기(丁酉避亂記)》

㉯ 인척관계

양대박(梁大樸), 《양대박 창의 종군일기》[117]

류팽로(柳彭老), 《월파 류팽로 임진창의일기》[118]

㉰ 친인척 관계

조정(趙靖), 《검간 임진일기(黔澗壬辰日記)》[119]

조익(趙翊), 《가휴 진사일기(可畦辰巳日記)》[120]

고상증(高尙曾), 《성재 용사실기(省齋龍蛇實記)》[121]

㉱ 사제관계

류성룡(柳成龍), 《징비록(懲毖錄)》

황귀성(黃貴成), 《난중기사(亂中記事)》[122]

116 졸역, 『호산만사록』, 보고사, 2015
117 졸역, 『양대박 창의 종군일기』, 보고사, 2021.
118 졸역, 『월파 류팽로 임진창의일기』, 보고사, 2021.
119 졸역, 『검간 임진일기』, 보고사, 2021.
120 졸역, 『가휴 진사일기』, 보고사, 2021.
121 졸역, 『성재 용사실기』, 보고사, 2021.

이 문헌들 사이에 미묘한 역학 관계가 작동하고 있음을 확인하게 된다. 핵심을 요약하면, 17세기 전란 실기 문헌에 있어 기록된 기사의 내용 사이에 출처와 경로 등에서 영향 관계가 꽤 심심찮게 감지된다는 점이다. 즉, 개별 문인의 직접 경험과 전문(傳聞)을 중심으로 한 독립적 기록임에도 불구하고 내면을 들여다보면 전문을 경험인 것처럼 기술한 지점이 엿보인다는 점이다. 같은 날 같은 시간에 일어난 일을 동시에 보고 들은 사람들에게 그 겪은 일을 글로 표현하도록 하면, 분명 그 글은 거의 서로 다른 어휘와 방식으로 구사되어 일치하는 부분은 아주 제한적일 것이 분명한데도 이른바 똑같은 어휘와 문장으로 겹치는 부분이 제법 있기 때문이다.

㉮ 정경득(鄭慶得, 1569~1630)과 정희득(鄭希得, 1572~1640), 정호인(鄭好仁, 1579~1602)과 정호례(鄭好禮, 1581~1643)는 각각 형제 사이이고, 게다가 정경득과 정호인은 삼종숙과 삼종질 사이이다. 이들은 전라남도 함평 출신으로 진주정씨(晉州鄭氏)의 친척관계이다.

㉯ 양대박(梁大樸, 1543~1592)은 양의(梁檥)의 서자이다. 양의의 장인은 윤부(尹溥)와 박총(朴璁)인데, 양대박의 어머니는 바로 윤부의 딸인 남원윤씨(南原尹氏)이다. 반면, 류팽로(柳彭老, 1554~1592)는 류경안(柳景顔)의 아들이다. 류경안의 장인은 윤부(尹溥)

---

122 졸역, 『만휴 황귀성 난중기사』, 보고사, 2021.

와 허후갑(許垕甲)인데, 류팽로의 어머니는 바로 윤부의 딸인 남원
윤씨(南原尹氏)이다. 그리하여 양대박은 전라북도 남원 출신으로
남원양씨(南原梁氏)이고, 류팽로는 전라남도 곡성 출신으로 문화
류씨(文化柳氏)이지만, 이들은 부친이 남원윤씨와 혼인하여 낳은
자식들로 이종4촌 인척 관계이다.

㉤ 조정(趙靖, 1555~1636)과 조익(趙翊, 1556~1613)은 형제 사이
로 경상북도 상주 출신의 풍양조씨(豊壤趙氏)이다. 반면, 고상증
(高尙曾, 1550~1627)은 경상북도 문경 출신의 제주고씨(濟州高氏)
인데, 그의 동생 고상안(高尙顔, 1553~1623)이 조정의 장자 조기원
(趙基遠)과 사돈 사이이다. 곧 고상안의 아들 고이행(高爾行)이 조
기원의 사위이다. 그리하여 세 사람은 친인척 관계가 된다.

㉥ 류성룡(柳成龍, 1542~1607)은 풍산류씨(豊山柳氏)이며, 황귀
성(黃貴成, 1548~1605)은 평해황씨(平海黃氏)이다. 그런데 류성룡
의 글이나 문헌에는 황귀성에 대한 언급이 전혀 보이지 않으나,
황귀성의 문집인 《만휴당문집(晩休堂文集)》에서는 〈행장(行狀)〉·
〈가장(家狀)〉·〈만휴당전(晩休堂傳)〉을 통해 서애의 문하에서 배웠
음을 언급하고 있다. 곧 사제지간(師弟之間)이라는 것이다.

전재(轉載)가 이루어진 문헌들의 저자들 사이에 서로 어떤 관계
인지 살폈더니 이와 같았다. 그러나 이에서만 그쳐서는 아니 되고
각각의 문집이 간본(刊本)인지 사본(寫本)인지도 함께 살펴야 한
다. 간본인 경우는 대부분 사론(士論)을 통해 소위 집단지성의 검
열을 거치므로 문제 상황을 최소화하기 때문이다.

㉮에서 정경득의 〈호산만사록〉과 정희득의 〈월봉해상록〉은 간행되었으나, 정호인·정호례의 〈정유피란기〉는 필사본이다. ㉯에서 양경우·양형우의 〈양대사마실기(梁大司馬實記)〉는 간행되었으나, 류팽로의 〈월파집(月坡集)〉은 필사 등서본이다. ㉰에서 조정의 〈검간선생문집(黔澗先生文集)〉과 조익의 〈가휴선생문집(可畦先生文集)〉은 간행되었으나, 고상증의 〈성재집(省齋集)〉은 필사본이다. ㉱에서 류성룡의 〈징비록〉은 목판본으로 간행되었고, 황귀성의 〈만휴당문집〉도 간행되었다.

결국 형제 사이에서 문집을 간행할 때는 설령 문제 상황이 있다 하더라도 문제시되지 않은 것으로 보이고, 간본에서 전재한 필사본은 사론이 일어날 여지가 없어 그냥 묻힌 것으로 보인다. 다만, ㉱처럼 간본에서 전재한 간본의 경우는 사론이 일어날 수밖에 없었고 실제로 일어난 것을 앞에서 이미 본 바이다.

이로써, 전통시대 실기 문헌 기록의 양상과 내용의 흐름에 대해서는 기록의 계통에 대한 정밀한 고찰이 요구된다고 할 수 있다. 단순히 베꼈다고 하거나 위작이라고 하여 낙인만 찍고는 관심을 보이지 않은 것이야말로 지나친 편의적인 발상이 아닐까 한다.

현존하는 실기 자료에 대해서 우리는 전란이라는 생사를 초월한 경험을 불굴의 의지로 기록한 사인들의 '실기'를 철저하게 준신하고자 한 시각에 매몰된 경향이 있었음을 자인하지 않을 수 없다. 하지만 '실기' 역시 인간의 기록이며 때문에 얼마든지 기록자를 둘러싼 여러 정치적 역학 관계의 흐름 속에서 완전히 해방될 수 없음도 고려할 필요가 있다.

　따라서 임병 양란을 중심으로 기록된 수많은 실기의 기록은 기록 그 자체로 중요한 가치를 가지고 있을 뿐만 아니라, 실기의 가치를 한 단계 더 견인하기 위해서는 기록들 사이의 상호관계를 정밀하게 고찰할 필요가 있다.

# 만휴 황귀성 난중기사

# 난중기사

○ 나는 외딴 촌구석에 태어나 자라서 보고 들은 것이 없어 하는 짓이 어울리지 못하고 용렬하여 한스러움을 늘 품었는데, 계유년 (1573) 가을이 되어서야 비로소 서애(西厓) 류 선생(柳先生: 류성룡)을 하회(河回)의 여차(廬次: 상주가 상중에 지내는 움막)로 찾아가서 뵈었다. 선생은 나를 용렬하고 어리석다면서 멀리하지 않고 문하에 거두어 두며 《주례(周禮)》에서 사도(司徒)가 가르쳤던 예의(禮義)를 먼저 일러주었는데, 이때부터 왕래하며 가르침을 받은 것이 여러 해가 되었다.

임진년(1592) 4월이 되어 묵사동(墨寺洞) 한양집에 찾아뵈었을 때, 13일 왜군이 부산포(釜山浦)에 쳐들어왔지만 17일 이른 아침에야 변방의 급보가 갑작스레 들이닥치자, 비변사(備邊司)에서 선생을 특별히 천거하여 체찰사(體察使)로 삼았다. 이때 변방의 보고가 계속하여 이어지며 끊이지 않았는데, 왜적은 이미 밀양(密陽)과 칠곡(漆谷)을 지나 거의 조령(鳥嶺) 밑 가까이에까지 쳐들어왔다고 하였다. 선생이 말하기를, "지금 나는 어렵고 험악한 처지에서 임무를 부여받아서 자네를 발탁하여 좌막(佐幕: 참모)의 임무를 맡기려 하니 낮은 관직이라며 하찮게 여기지 말게나. 처자식을 생각지 말고 나랏일에 함께 힘쓰다가 돌아가서 생사를 같이하는 것이 마음에 어떠한가? 그리고 사람을 알아보기가 가장 어려우니, 자네가 내 문하에 출입한 것이 거의 20여 년에 자네의 마음이 충성스러움을 알고 있다네. 게다가 진실로 자네의 용기가 강하고 굳센 것을 아는 데다, 매사에 두루 걸쳐 거북하거나 이지러진 곳이 없도록 하여 족히 큰일을 감당하고 요직을 맡길 만한지라, 바야흐로 큰 책임을 맡기노니 떠날 날이 머지않았네. 군관(軍官) 중에서 적정을 정탐해오는 임무에 그 적임자를 구하는 것이 가장 어려우니, 자네는 나를 위하여 먼저 출발하는 것이 좋겠네."라고 하였다. 내가 대답하기를, "경성(京城)에서 나그네살이를 하다가 이처럼 어지러운 때를 당하여 누군들 목숨을 보전하고 처자식을 그리워하는 마음이 없겠습니까마는, 여기서 모시며 이곳에서 지낼 수 있었던 것이 선생님께서 돌보아주신 은혜였으니 그 만분의 일이라도 보답하고자 하나이다. 비천한 제가 천성이 비록 사리에 어둡고 어리석을지라도 어찌 위태로운 형세라 하여 사사로이 도망쳐 살고자, 순탄할 때든 위험할 때든 변치 않아야 할 절개를 바꾸고서 선생님을 수많은 적진 속에 버리겠사옵니까? 그리고 죽고 사는 것은 운명에 달렸으니 가족들이 살고 죽는 것이나 도망치고 숨는 것에 괘념할 것도 없고, 다만 나라의 운수가 위태로워 선생님께서 바야흐로 중임을 맡으셨으니 공가(公家: 왕실)를 위하고 백성을 보호하는데 거는 기대가 삼가 있을 것이옵니다. 그러니 비록 얕은 지혜와 부족한 용기일지라도 일을 수행할 때마다 처음부터 끝까지 내내 한결같을 수 있다면, 이것이 변변찮은 저의 바람입니다."라고 하였다.

장차 날을 잡아 출발할 때 선생은 중추부(中樞府)에 있으면서 즉각 길을 떠나기 위해 준비하였는데, 선생이 나에게 말하기를, "응모한 군관(軍官) 가운데 자네가 선발대를 가려 뽑도록 하라."고 하고서 군관들에게 영을 내리니, 따르기를 원하는 자가 20여 명이나 되었다. 다음날 중추부의 앞뜰에서 바야흐로 그들의 재주를 시험하였다. 이때 도순변사(都巡邊使) 신립(申砬)은 무사들이 기꺼이 따르려고 하지 않아 출발하지 못하고 있었는데, 선생 뵙기를 청하고자 명함을 들인 후에 선생이 모집한 군관이 매우 많은 것을 보고는 기쁘지 않은 기색을 현저하게 드러내자, 선생이 즉시 군관의 단자(單子: 명단)를 주어 출발하도록 보냈다.

◎¹○ 경상 좌병사(慶尙左兵使: 경상 우병사의 잘못) 김성일(金誠一)이 경상우도 초유사(招諭使)가 되었고, 함안 군수(咸安郡守) 류숭인(柳崇仁)이 병사(兵使)가 되었다.

이보다 앞서, 김공(金公: 김성일)이 일본에서 돌아와 말하기를, "왜놈이 군사를 동원하지 않을 것입니다."라고 하여 황윤길(黃允吉)이 말한 것과 크게 다르자, 선생(先生: 류성룡)이 묻기를, "자네의 말이 이미 이러하니 만일 변란이라도 생기면 장차 어찌하려는

---

1   여기서부터 이 표시가 다시 있는 곳까지의 내용은 서애 류성룡의 《징비록》에 근거하여 볼 때 많은 부분이 닮아 있다.

가?"라고 하니, 김공이 말하기를, "저 또한 어찌 끝까지 동원하지 않을 것으로 생각했겠습니까? 다만 백성들의 불안한 심리를 조금이라도 풀어주려고 한 것입니다."라고 하였다. 〈8자 결락〉 곁에서 직접 들은 것이 상세하다.

지금과 같은 때에 미치자, 주상이 아무개의 말로 인하여 인심이 해이해지고 국사를 그르쳤다면서 마침내 잡아들이라는 명을 내렸다. 얼마 뒤에 주상께서 김공이 경상도 선비와 백성들의 마음을 얻고 있음을 아시고는 그 죄를 용서하도록 명하고 이어 초유사의 직에 임명하였다. 이때 선생이 편지로서 알리는 글이 오갔는데, 내가 편지를 받들어 김공에게 갈 때마다 말씀이 매우 강개하였으니 나에게 나랏일에 힘써야 하고 부지런히 왜적을 토벌해야 하는 뜻으로 깨우쳐주어 마음속으로 감동하였다. 지금에 이르러 하옥하라고 내려졌던 영이 마침내 석방하라는 명으로 바뀌었으니, 다행스러워 축하하는 마음을 가눌 길이 없다.

○ 순변사(巡邊使) 신립(申砬)이 군대를 충주(忠州)에 주둔시켰다가 적에게 대패하고 죽었다. 신립이 장수로서 지략을 지녔으나 평소에 자신을 믿고 적을 대수롭지 않게 여기는 마음을 품고 있었으니, 일찍이 선생(先生: 류성룡)을 뵈러 사저(私邸)로 찾아와서 군사를 거느리고 전투에 임하는 책략을 논의하는데 말을 지나치게 거침없이 쉽게 하였다. 선생은 그것이 그렇지 않음을 밝혔으나, 신립은 끝내 깨닫지 못하고 가버렸다. 지금에 이르러 조령(鳥嶺)의

요새를 지키지 않고 탄금대(彈琴臺)로 군진(軍陣)을 물렸다가 이처럼 강물에 빠져 죽게 만들어 패배에 이르고 말았다. 선생이 사람을 알아보는 능력은 이로 미루어 탄복할 만하고, 신립이 적을 가벼이 여겨 패배를 자초한 것은 실로 한탄할 바였다.

4월 30일, 새벽에 대가(大駕)가 서쪽 평양(平壤)으로 피난길에 오르면서 천조(天朝: 명나라)에 구원병을 청하였다. 영상(領相: 李山海) 이하 모두에게 호종하도록 지명하는 명이 있었으나 유독 선생만이 명을 받은 바가 없어, 정원(政院: 도승지 이항복)에서 "호종하는데 류 아무개가 없으면 안 됩니다."라고 아뢰자, 이에 호종하라는 명이 있었다. 이때 경성(京城)을 굳게 지켜야 한다는 의론이 도성 안의 수많은 사람 입에서 나왔으나, 파천해야 한다는 말에 부화뇌동하여 미처 결단하지 못하고 있었다. 얼마 뒤에 순변사 이일(李鎰)의 장계(狀啓)가 밤에 도착하자 대가가 즉시 파천의 길을 떠났는데, 경복궁(景福宮) 앞에서부터 곡소리가 일시에 온 도성을 가득 채우니 비록 장부의 강심장이라 하더라도 차마 볼 수가 없었고 차마 들을 수가 없었다.

선생이 나를 돌아보며 말하기를, "대가가 서쪽으로 파천한 것은 그만둘 수 없는 부득이한 일이어서 신하가 된 몸으로 임금을 모시고 따르는 것이 더욱 마땅한 일이나, 자네는 나에 대하여 단지 같은 이웃의 정리이고 좌막(佐幕: 참모)의 분수일 뿐인데 나의 일로 말미암아서 험한 길을 건너며 위험을 당하니 이런 지경에 이른단 말인가?"라고 하였다. 내가 대답하여 말하기를, "한 번 약속한 것

은 지금도 그대로이니 기필코 여한이 없삽고, 게다가 직임이 비록
다르더라도 공가(公家: 왕실)를 위하는 것은 매한가지입니다. 하물
며 나라의 형세가 이와 같은데, 선생님을 모시고 생사를 같이하기
로 이미 평상시에 결정한 것을 어찌 천 리 길 평양이라고 해서 도중
에 번복하여 고치겠습니까? 엎드려 바라옵건대 다시는 근심과 걱
정을 하지 마시고 매사를 요량하여 처리하시면 분부를 듣고 시행
하겠으니, 공적으로나 사적으로나 편안하게 해주시옵소서."라고
하였다.

즉시 대가를 따라서 사현(沙峴: 무악재)을 넘어 벽제역(碧蹄驛)에
이르렀는데 비가 물을 퍼붓듯 내렸다. 주상이 대가를 역사(驛舍)에
잠시 머무르게 했지만, 조금 뒤에 나와서 임진강(臨津江)에 이르렀
을 때도 비는 그치지 않았다. 날이 이미 저물어서야 임진강을 건너
동파역(東坡驛)으로 들어갔다. 다음 날 저녁까지 개성부(開城府)의
대평관(大平館)에 머물렀는데, 대간(臺諫)에서 수상(首相: 영의정
이산해)이 측근과 결탁하여 나랏일을 그르쳤다고 탄핵해 아뢰자,
5월 2일 아침에 주상이 수상을 파직시키고 선생으로 특별히 삼으
니 일행의 뭇사람들 마음에 흡족해하지 않음이 없었다. 5월 7일에
는 중화(中和)를 지나 평양(平壤)으로 들어갔다.


○ 6월 11일, 대가가 영변(寧邊)으로 향할 때, 선생은 당장(唐將:
명나라 장수)을 접대하는 일로 평양에 머물렀다. 이날 적이 평양성
을 급하게 공격하자, 즉시 모든 군관을 나누어 배치하고 각기 문루

(門樓) 및 대동강(大同江) 여울을 지키고, 선생은 좌상(左相: 좌의정 윤두수)·원수(元帥: 도원수 김명원)와 함께 연광정(鍊光亭: 練光亭의 오기)에 올랐다. 얼마 뒤에 붉은 옷을 입은 왜적이 연광정 위에 사람들이 있는 것을 보고 몰래 조총을 들고 겨누며 점점 모래언덕에까지 다가와 탄환을 쏘았으나, 그 거리가 꽤 멀었기 때문에 끝내 미치지 못하였다. 이때 나는 방패 안에 있으면서 멀리 적의 형세를 바라보니 군사의 수가 숲처럼 많았으나 그들의 군율을 엿보니 기세가 그리 대단하지 않았는지라, 즉시 편전(片箭: 아기살)으로 다섯 번이나 쏘자 부상자가 자못 많았으며, 또 군관 강사익(姜士益) 등 10여 명을 시켜 뒤를 따라 활을 쏘게 하여 화살이 모래언덕 위에까지 날아가자 적들이 두려워 몸을 움츠리다가 퇴각하였다.

○ 7월, 선생이 치질을 앓아 몹시 고통스러워서 자리에 누워 일을 보지 못하였다. 나는 이를 매우 걱정하여 음식과 약물 등 상관하지 않은 것이 없었으나, 증세가 점점 더 심해지자 공을 위해 울 뿐 개인적으로 아득하여 무엇을 해야 할지 몰랐다. 행재소(行在所)에서 내의(內醫)를 보내어 증세를 살피게 하고 특별히 웅담(熊膽)과 납약(蠟藥: 臘藥)을 하사하여 네댓 차례 타서 복용하였더니, 증세가 조금 차도가 있으면서 회복하였다. 다음 날에 즉시 일어나 일을 보자, 많은 사람이 기뻐하며 축하하였다.

○ 13일, 바야흐로 군량을 보급하는 일로 걱정하였는데, 마침

아산(牙山) 창고에 있는 세미(歲米) 1,200석을 싣고 와서 정주(定州)의 입암(立巖)에 정박하고 있었다. 선생은 기쁘고 다행함을 이기지 못하고 즉시 수문장(守門將) 강사옹(康士雍) 및 나를 출발시켜 달려가서 운송하는 것을 감독하여 당일 안주(安州)에 도착하게 하였다.

○ 19일, 유격장(遊擊將) 사유(史儒)가 탄환에 맞아 그 자리에서 죽었다.

이보다 먼저 조승훈(祖承訓)이 의주(義州)에 이르자, 사유는 그 군졸들의 선봉장(先鋒將)이 되었다. 조승훈은 본디 요좌(遼左: 요동)의 용맹한 장수로서 지난번 북쪽 오랑캐와의 전투에서 여러 차례 전공(戰功)을 세웠었다. 이번 행군에서도 왜적을 물리칠 수 있을 것이라며 큰소리치고 가산(嘉山)의 병영에 이르러서 우리나라 사람에게 묻기를, "평양성(平壤城)에 있는 왜적이 지금도 과연 진을 친 채 차지하고 있소?"라고 하자, 대답하기를, "적군이 바야흐로 머물러 있으면서 거침없이 무수히 공격하였소이다."라고 하였다. 조승훈은 이날 밤 3경(三更: 밤 12시 전후)에 군사를 출발시켜 나아가 평양성을 공격하였다. 이때 큰비가 와서 마침 성 위에는 성첩(城堞)을 지키는 왜적이 없었으니, 명나라 군대의 선봉대가 칠성문(七星門) 안으로 곧장 돌진해 들어갔는데, 길이 좁은데다 꼬불꼬불한 골목길이 많아서 말을 달릴 수도 없었고, 행군하자니 대오를 갖출 수도 없었다. 군진(軍陣)의 형세가 옴짝달싹할 수 없는 급

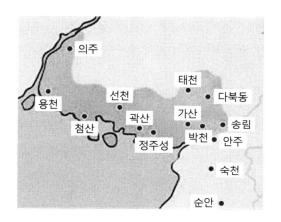

한 지경이었는데 잠깐 사이에 조총(鳥銃) 소리가 나더니 탄환이 비내리듯이 쏟아지자, 사 유격(史遊擊: 사유)이 그 자리서 죽었고 군사와 말들이 죽은 것도 또한 그 수를 헤아릴 수가 없었다.

조승훈이 드디어 군대를 퇴각시켰는데, 남은 병사들을 이끌고 돌아서서 순안(順安)과 숙천(肅川)을 지나 밤중에 안주(安州)에 도착한 것은 앞에 가로놓인 강으로 길을 가로막으려고 하였기 때문에 이같이 급히 서둘렀던 것이다. 선생은 나에게 가서 그의 마음을 위로하게 하고 아울러 술과 음식을 보냈다. 나는 신 종사(辛從事: 辛慶晉)를 시켜 음식을 받들어 뒤따라오도록 하고 먼저 공강정(控江亭)으로 내달려 갔다. 조승훈은 비 때문에 저지되어 이미 4,5일이나 머물러 있었는데, 선생의 명으로 조승훈을 굳이 만류했으나 들판에서 노숙하여 옷과 갑옷들이 다 젖어서 결단코 머무를 수가 없었으니 군사를 돌이켜 요동(遼東)으로 돌아갔다. 나는 돌아와서 이를 선생에게 아뢰니, 선생은 이때 인심이 동요할까 두려워 그대로 안주(安州)에 머무르면서 명나라 후군(後軍)이 오기를 기다리겠다고 행재소(行在所)에 계청(啓請)하였다.

○ 8월, 천병(天兵: 명나라 군대)이 나온다는 소식을 듣고 선생이 미리 삼화(三和)와 용강(龍岡) 등의 고을에 급히 쌀과 콩 1,600석을 보내어서 순안(順安)과 숙천(肅川)에 나누어 두게 하였다. 이와 같은 고을의 민정(民丁: 장정)들은 죄다 행군에 있고 노약자들은 대부분 숨었으니, 허다한 곡식들이 모두 미처 제때 도착하지 못할까 염려하였다. 종사관(從事官) 신경진(辛慶晉)이 병을 앓아 몸져누워 분주히 단속하고 경계할 수가 없었다. 그리하여 나에게 가서 감독하게 하니, 기일에 맞춰 일을 마치고 돌아왔다.

○ 9월 10일, 대가(大駕)를 따라 정주(定州)에 이르렀다가 며칠이 되지 않아서 선천(宣川)으로 피난을 가며 선생에게 정주의 병영(兵營)을 지키도록 명하였다. 선생이 대가를 전송하려고 길가에 엎드렸다가 이윽고 연훈루(延薰樓) 위에 올라서 멀리 바라보니, 몽둥이를 메고 사방에서 오는 자들이 얼마나 되는지 알 수가 없었다. 선생이 급히 나를 불러 가서 탐지하게 하여, 곧바로 가서 살펴보니 수는 비록 얼마 되지 않을지라도 종적이 매우 수상하였다. 즉시 뒤쫓아가서 붙잡고 참수하여 창고 거리에 매달아 놓았더니, 그 나머지 적들이 소문만 듣고도 흩어져 달아났다. 이로부터 정주의 창

고 곡식이 온전할 수 있었고, 선천(宣川)·용천(龍川)·철산(鐵山) 등 여러 고을에서 창고를 약탈하는 자 또한 사라졌다.

○ 가산 군수(嘉山郡守) 심신겸(沈信謙)이 말을 달려 급히 와서 고한 말에 의하면, "이 고을에는 비축해둔 곡식이 자못 넉넉하고 관청에도 백미(白米) 1,000석이 있사온데, 이것을 명나라 군사에게 먹이려고 했으나 지금 이미 불행히도 일이 이 지경에 이르렀습니다. 바라건대 잠시만 머물러 진정시켜 주신다면, 적들이 감히 침범하지 못할 것이고 고을 사람들도 난동을 부리지 못할 것입니다."라고 하였다. 이때 심신겸은 이미 그 부하들에게 명령할 수가 없었는데, 선생은 홀로 데리고 있는 군관 대여섯 명과 도중에서 거두어들인 패잔병 20여 명이 있었다. 심신겸이 이를 의지하여 자신을 지키려는 까닭으로 그렇게 말한 것이었다. 선생은 주상의 명이 없었는데 마음대로 머물러 있을 수가 없어서 마침내 심신겸과 헤어져 길을 떠났다. 효성령(曉星嶺)에 이르러서 머리를 돌려 가산(嘉山)을 바라보니, 고을 안은 이미 어지러웠다. 심신겸은 과연 창고의 곡식을 다 잃어버리고 도망하였다.

○ 이때 오랫동안 비가 오지 않아 강물이 날로 줄어들자, 주상이 재상(宰相)들에게 명하여 단군(檀君)·기자(箕子)·동명왕(東明王)의 사당에 기우제(祈雨祭)를 지냈으나 끝내 비가 오지 않았다. 선생이 윤상(尹相: 좌의정 윤두수)에게 일러 말하기를, "이곳은 물이 깊

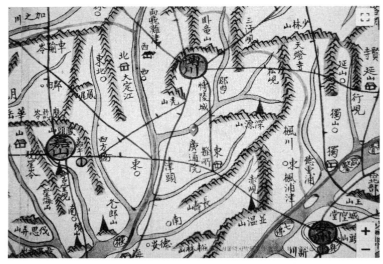

가산 대정강 박천 광통원 안주(한국학자료센터)

은 데다 배까지 없어서 적들이 건널 수 없을 것이니, 강물 상류의
얕은 여울이 있는 곳을 찾아서 먼저 방비하게 하는 것이 어떠하겠
소?"라고 하자, 윤상이 말하기를, "저 이윤덕(李潤德)의 무리는 의
지하고 믿기가 어렵지만, 이원익(李元翼)만은 맡길 수야 있으나 혼
자 일을 맡기도 어려우니 황귀성(黃貴成)을 함께 보내는 것이 어떠
하오?"라고 하였다. 이윽고 나에게 여울을 지키도록 명하여 종사
관 홍종록(洪宗祿) 등 10여 명과 더불어 같이 성을 나서서 박천(博
川)으로 향하였다. 행재소(行在所)의 계원장(繼援將) 이유징(李幼
澄)은 평양(平壤) 근처가 왜적의 소굴임을 들어서 사직하려는 뜻을
보이자, 선생이 그에게 그렇게 하면 안 된다고 분명히 꾸짖었다.

　선생은 당장(唐將: 명나라 장수)을 영접하는 일로 가산(嘉山)으로 가던 도중 대정강(大定江) 가에 이르러 광례원(廣禮院: 廣通院의 오기)을 바라보니, 들판에 흩어진 군졸들이 계속하여 끊임없이 오고 있었다. 선생은 평양(平壤)이 함락된 것인가 의심하여 나에게 명을 내려 추적해 탐문하도록 했다. 즉시 혼자 말을 타고 달려가다가 광통원 2리여 정도에 이르렀을 때 마침 낙오자 10여 명을 만나 어디서 오는지를 물었더니, 의주(義州)·용천(龍川) 등지의 군사로서 평양에 가서 여울을 지키던 자들이었다. 그들이 전해주는 것을 들으니, 왜적이 왕성탄(王城灘)으로 건너왔고, 병사(兵使) 이윤덕(李潤德)은 달아났다고 하는지라 저도 모르게 경악하였다. 곧바로 말을 달려 돌아와서 선생에게 보고하였더니, 선생이 말하기를, "혹 전하는 자의 잘못인가? 다시 탐문해서 오게."라고 하였다. 나는 즉시 말머리를 돌려 곧장 대동강 언덕에 이르니, 과연 전해준 말 그대로였다. 선생은 몹시 놀라서 즉시 서장(書狀)을 만들고 나를 돌아보며 말하기를, "이 서장은 다른 서장과 차이가 있으니 자네는 조금도 지체함이 없이 가서 급히 행재소에 보고하고 오게."라고 하는지라, 즉시 군관(軍官) 최윤원(崔允元)과 더불어 긴급하게 박천(博川)을 향해 출발하였다.

　이때 천병(天兵: 명나라 군사)이 먹을 군량이 궁핍해질까 염려되었다. 선생은 곽산(郭山)을 향해 가다가 곽산산성(郭山山城) 아래에 이르러 두 갈래 갈림길이 앞에 놓여있었는데, 선생이 나에게 묻기를, "그동안 곽산을 어느 큰길을 따라서 갔다 왔는가? 오늘의

발걸음은 이같이 하루라도 급하기 때문에 샛길을 따라 직행해야
하거늘, 뜻하지 않게 갑자기 두 갈래 갈림길을 만나니 내가 여기서
어디로 향해야 할지 알지 못하겠네."라고 하는지라, 대답하기를,
"비천한 제가 지난날 왕래할 때, 매번 이 갈림길에서 좌측으로 가
면 곧장 곽산 밑에 이르렀고 우측으로 가면 구성(龜城)에 도착하였
는데 서로 멀지 않았습니다."라고 하였다. 선생이 곧바로 말을 달
리며 나에게 일러 말하기를, "일찍이 듣건대 구성(龜城)에 쌓아둔
곡식이 자못 넉넉하나 아전과 백성들이 떨어져 흩어졌기 때문에
실어나를 길이 없다고 하니, 자네는 홍종록(洪宗祿)과 함께 가게

나. 홍종록은 일찍이 구성에서 귀양살이하여 이미 민심에 부응하
리니, 자네의 용기와 지략을 저의 충실함에 더하면 흩어진 백성들
을 불러서 타일러 창고의 곡식을 실어나르는 것은 진실로 어렵지
않을 터이네. 매우 조심히 처리하게나."라고 하였다. 즉시 인사를
드리고 길을 떠났는데, 홍종록이 처음 떠날 때는 마치 비분강개하
는 듯했지만 기쁘지 않은 기색인지라, 내가 일러 말하기를, "귀양
살이한 고을이라서 다시 이런 출행을 하자니 고의로 이러한 기색
을 가지는 것이오? 이미 거두어 사용(司饔) 직에 서용(敍用)되었으
니 또 무엇을 비분강개하리오?"라고 하였다. 마침내 홍종록과 함
께 산골짜기를 돌아다니면서 타일러 말하기를, "방금 왜적들이 이
미 평양성(平壤城)으로 들어갔으나, 명나라 구원병이 방금 정주(定
州)에 도착하여서 평양을 수복할 길을 조만간 기약할 수 있을 터이
나, 다만 다급한 것은 군량을 보내어 위로하는 일이다. 이 고을에
는 비축한 것이 과연 소문대로이나 실어나를 길이 없는데, 너희들
또한 왕의 백성일 것이니 위급한 때를 당하여 도망가 숨고 선뜻
나서지 않는 것은 의리상 차마 할 수 없는 일이다. 이제 품관이든
백성이든 아전이든 말할 것 없이 한마음으로 힘을 다하여 신속히
정주(定州)·가산(嘉山)으로 실어날라야 한다. 과연 우리가 타이르
는 대로 한다면 즉시 행재소(行在所)에 아뢰어 뒷날에 포상이 있게
할 것이다."라고 하였다. 어떤 사람이 숲속에서 나와 묻기를, "장
군은 행재소에서 온 것이오? 적군은 과연 평양에 주둔하고 있으
며, 천병(天兵: 명나라 군) 또한 과연 정주(定州)에 도착한 것이오?"

라고 하여, "그렇다."라고 하였다. 얼마 뒤에 꼬리를 이어서 온 자들이 그 수를 헤아릴 수가 없었다. 이에, 창고의 곡식을 열어서 보냈는데 짐을 지거나 메려는 자들이 계속하여 끊이지 않았다. 선생이 나를 칭찬하며 말하기를, "이 고을의 지공(支供: 물자 제공)은 자네의 힘 덕택이네."라고 하였다.

○ 11월, 겨울 한파가 점점 심해지자 선생은 깊이 염려하였으니, 재력(財力)이 갈수록 다해 가고 군졸들도 갈수록 지쳐서 수복할 시기가 장차 늦어질까 밤낮으로 애를 태우다가 나에게 명하여 강가로 달려가서 천병(天兵: 명나라 군)의 소식을 탐문하게 하였다.

○ 이때 적병은 이미 함경도(咸鏡道)로 쳐들어온 자가 또한 매우 많았는데, 왕자(王子: 임해군과 순화군)가 또한 적의 수중에 잡혔고, 시신(侍臣: 金貴榮·黃廷彧·黃赫) 및 함경도 감사(咸鏡道監司) 류영립(柳永立)과 함경도 병사(咸鏡道兵使) 한극함(韓克諴) 등이 모두 사로잡혔다고 하였다. 보고문의 초안이 행재소에서 각 병영에 이르자, 몹시 놀라서 얼굴빛이 달라지지 않은 자가 없었다.
선생은 혼자 친히 적정을 탐문하러 갔는데, 마침 이때 왜학통사(倭學通使: 일본어 통역관) 함정호(咸廷虎)란 자가 선생을 찾아와 뵙고는 북도(北道: 함경도)의 사정을 자세하게 말하였다. 행장(行長: 소서행장)과 청정(淸正: 가등청정)은 도를 나누어 진격했는데, 행장은 평양으로 향하고 청정은 함경도로 쳐들어간 것이다. 선생은 이

으고 나에게 명하였다. 〈이하 결락〉 류영립 등이 모두 겨우 몸만 빠져나와 행재소로 돌아왔는데, 과연 전해 들었던 내용과 같아서 많은 사람이 경악하지 않은 자가 없었다.

○ 12월에 천조(天朝: 명나라)가 대규모로 군사를 일으켜 제독 (提督) 이여송(李如松)을 대장으로 삼아 삼영장(三營將)인 장세작 (張世爵)·양원(楊元)·이여백(李如柏) 및 남장(南將: 남방 장수)인 낙상지(駱尙志)·오유충(吳惟忠)·왕필적(王必迪) 등을 거느리고 압 록강(鴨綠江)을 건너게 하였으니, 그 군사의 수가 4만여 명에 이 르렀다. 이보다 먼저 송응창(宋應昌)을 경략(經略)으로 삼고 유황 상(劉黃裳)·원황(袁黃)을 찬획(贊畫)으로 삼아 요동(遼東)에 주둔 하게 하였다가 군대가 연합하여 압록강을 건너, 13일 안주(安州) 에 이르렀다.

이때 제독은 동헌(東軒)에 있었는데, 선생이 장차 제독을 만나 논의할 일이 있어 들어갔다. 나 또한 선생을 모시고 뒤따라 들어갔 는데, 선생은 소매 속에서 평양성의 지도를 꺼내 놓았다.

○ 계사년(1593) 정월에 천병(天兵: 명나라 군)이 이미 숙천(肅川) 에 도착하여 선생이 그 뒤를 따랐다. 제독(提督: 이여송)은 부총병 (副總兵) 사대수(査大受)로 하여금 순안(順安)으로 가서 왜놈들을 속이게 하고, 천조(天朝: 명나라)는 지금 이미 강화(講和)를 허락하 였으니 심 유격(沈遊擊: 沈惟敬)이 또한 이르자, 왜적은 기뻐하며

소장(小將) 평호관(平好官: 다케노우치 기치베)으로 하여금 남은 무리를 이끌고 나아가서 심 유격을 맞게 하였다. 총병(總兵: 사대부)은 그들을 유인하여 더불어 마음껏 술을 마시다가 그 틈을 타고서 군사를 풀어 공격하여 평호관을 사로잡았다. 그 뒤로 왜적은 명나라 군사가 많이 온 것으로 알고 동요하여 소란스러웠다.

제독은 바야흐로 날이 저물자 활을 당겨 화살을 쏘아 시위소리를 내면서 곧바로 순안(順安)으로 달려 들어가자, 여러 진영의 군사들이 계속하여 뒤따라 나왔다. 이튿날 아침에 나아가 평양(平壤)을 포위하고 보통문(普通門)과 칠성문(七星門)을 공격하였는데, 대포(大砲)와 화전(火箭: 불화살)을 쏘는 소리가 천지를 진동시켰다. 내가 즉시 달려가서 고하자, 낙상지(駱尙志)와 오유충(吳惟忠)이 군사를 합하여 거느리고서 진격하였다. 왜적들은 버티지 못하고 내성(內城) 안으로 달려 들어가서는 성벽의 뚫어놓은 구멍 사이로 탄환을 어지러이 쏘아댔다. 이로 말미암아 아군과 천병(天兵: 명나라 군) 가운데 부상자가 많았다. 내가 달려가서 제독에게 고하기를, "적의 군사들이 무너져 흩어지고 남은 자들이 이미 내성(內城)으로 들어간 뒤이니, 이는 이른바 함정에 든 호랑이로 형세가 마치 다 죽게 된 듯하외다. 그러나 궁지에 빠진 적이 죽을힘을 다하면 일이 어떻게 될지 헤아릴 수 없음을 삼가 생각하여 군사들을 약간 뒤로 물리고 성 밖으로 달아날 길을 열어놓는 것이 어떠하오이까?"라고 하였더니, 제독이 이 말을 따랐는데 왜적들이 과연 밤중에 달아났다.

이 제독(李提督: 이여송)이 칼자루를 두들기고 북을 치며 곧장 연광정(鍊光亭: 練光亭의 오기)에 오르자 선생 및 장수들도 그 뒤를 따랐는데, 연회를 베풀어 풍악을 울리며 한밤중 3경(三更: 밤 12시 전후)까지 이어졌다. 바람에 진군기(進軍旗)가 펄럭이고 달빛이 바야흐로 밝으니 장수들이 차례로 승전가를 불렀다. 제독이 더 이상 진격하기를 사양하여 최선을 다하지 않으면서 왜적을 쳐서 평정하는 것도 불허하였다.

이때 나에게 강여울을 지키는 군사를 간섭하도록 명하여 깊은 밤에 강가를 걸어가다가 때마침 두보(杜甫)가 검각성(劍閣城) 밖을 지나면서 느낀 회포가 떠올라 절구시 1수를 짓고서 선생에게 드리니, 선생이 미소를 지으며 말하기를, "이때의 시흥이 참으로 우연하지 않은 일이네. 옛날 이른바 장한 무사이자 시인을 자네에게서 보게 되네."라고 하였다.


○ 제독(提督: 이여송)이 진격하여 파주(坡州)에 이르러 왜적과 벽제역(碧蹄驛)의 남쪽 언덕[礪石嶺] 머리에서 싸웠으나 불리해지자 개성부(開城府)로 돌아와 주둔하였다.

이보다 먼저, 적군을 뒤쫓으려고 하면서 선생에게 일러 말하기를, "나는 바야흐로 진군하려는데 앞길에 군량과 마초(馬草)가 없다고 하는 소리가 들리니 극히 우려되는 일이오. 나랏일을 위해 노고를 꺼리지 않아야 할 터, 오직 의정(議政: 류성룡) 한 분께 달려 있으니 서둘러 가서 대비하는데 군색함이 있지 않도록 단속해주시오."라고 하자, 선생이 즉시 그와 인사를 나누고 나왔다. 나 또한 뒤따라 나서는데, 제독이 나를 불러놓고 이르기를, "이곳에서 경성(京城)과의 거리가 200리도 되지 않으나, 왜적이 이미 평양(平壤)에서 패했다고 하지만 각처로 퇴각하여 주둔해 있는 자들의 수를 헤아리기 어렵소. 또한 우리가 진군한다는 소식을 들으면 필시 요로에 몰래 매복하여 마릉(馬陵)의 올가미를 펼칠 것이니, 그대는 우리보다 먼저 정탐하되 의정(議政: 류성룡)과 자세히 살펴서 제때 치보(馳報: 긴급 보고)해주오."라고 하였다.

이때 대동강(大同江) 남쪽으로 천병(天兵: 명나라 군)의 선봉대가 이미 출발하니, 창들로 길이 어지럽게 막혀서 참으로 다닐 수가 없었다. 선생을 모시고 샛길로 빨리 달려 한밤중에 중화(中和)로 들어갔다가 다시 황주(黃州)에 이르렀는데, 지나온 곳마다 역사(驛舍)는 죄다 텅 비었고 성읍(城邑) 또한 매우 한산하였다. 천병이 진격하고 왜적이 퇴각한 사이라 계책을 감당하기가 어려웠지만, 마침내 나에게 명하여 공문을 황해 감사(黃海監司) 류영경(柳永慶)에게 보내어 군량과 마초를 운송하도록 독촉하였고, 황해도 감영에서 또 공문을 평안 감사(平安監司) 이원익(李元翼)에게 보내어 김응서(金應瑞)의 군사 가운데 전투를 감당하지 못하는 자들을 속히 징발하여 평양(平壤)에서 등에 지거나 머리에 이게 하여 황주(黃州)에 도착하도록 하였으며, 또 각 고을에 비축한 양식들을 실어 보내어서 배로 운송해 이르도록 하였으니, 군량과 마초가 모자란 적이 없었다.

나는 황해도 감영에서 돌아와 황주(黃州)의 머무르고 있는 곳에 이르러 곧장 제독에게 치보(馳報)하여 말하기를, "소장(小將: 황귀성)이 명을 받들어 황주에 이르러 우선 제 시기에 서면으로 보고하지 못한 것은 성의가 부족해서가 아니라오. 황주의 곡식은 이미 때를 놓쳤지만, 왜적들이 오가며 주둔했던 곳에서 각 고을이 비축한 곡식을 징발하여 대군(大軍: 명나라 군) 앞에 있는 고을에 도착하도록 실어나르고 그제야 겨우 곧바로 돌아와서는 정탐하라는 명을 받들었소. 이때 왜적이 주둔하고 있는지의 사실을 정탐하였는데, 개성(開城)으로부터 온 자에게서 듣자니 지나온 마을과 고을마다 왜적의 병사들이 둔친 걱정거리가 없으나, 파주(坡州)와 장단(長湍) 동쪽에는 왜적들이 아직도 그곳에 둔치고서 모여 있다고 하오이다. 이것은 소장(小將: 황귀성)이 목격한 바가 아니라서 아직 전적으로 믿을 수 없사오나, 그들의 기세가 이미 평양 전투에서 패한 이후로 꺾였음을 생각건대 어찌 감히 천병(天兵: 명나라 군)이 승승장구하는 길을 굳게 막고자 가까운 곳의 여러 고을에 방자하게 진(陣)을 치겠소이까? 다만 하나의 고개 사이에 있는 길 우측으로 지세가 험준한 데다 숲이 깊숙하고 **빽빽**하게 우거져 비록 수많은 무리일망정 몰래 숨어 있을 만하나, 멀리서 헤아릴 수가 없으므로 사람을 시켜 그곳에 잠복해 있는지를 살펴 단 한 명의 왜적이라도 몰래 숨어 있는 걱정이 없게 하기를 바라오이다. 용천(龍川)의 동쪽과 개성(開城)의 서쪽은 비록 북을 울리며 천천히 행군하더라도 걱정할 것이 없소이다."라고 하였다. 서면으로 보고를 받은 제독은 개성부(開城府)로 진군하였다.

바로 이때를 당하여 왜장 청정(淸正: 가등청정)은 함경도(咸鏡道)에 있었고, 현소(玄蘇: 외교승)·평행장(平行長: 소서행장)·평의지(平義智: 대마도 島主) 등은 각처로 도망쳐 흩어졌다. 그리고 경성(京城)에 있던 왜적은 평양(平壤)에서의 패배 소식을 듣고 그 실정을 파악할 수 없는 것이 분하여 경성에 있는 백성들을 죽이고 관청이든 개인집이든 불태웠으며, 한강 서쪽의 여러 고을에 있던 왜적들도 다 경성에 모여서 천병(天兵: 명나라 군)이 내려올 길을 막기로 모의하고는 사현(沙峴: 무악재) 이북부터 주둔지와 방벽을 촘촘히 설치하여 굳게 지켜 범할 수 없게 했다고 하였다. 이때 제독은 개성(開城)에 들어온 이후로 갑자기 머뭇거리는 마음이 생겨 며칠 동안 진격하지 않은 채 우리 선생(先生: 류성룡)의 간절한 부탁을 거듭 어기다가 진격하여 파주(坡州)에 이르렀으나, 끝내 이처럼 벽제(碧蹄)에서 패전하게 된 것이다.

아! 이기고 지는 것은 전쟁에서 흔히 있는 일이니, 어찌 저쪽이 성하면 이쪽이 쇠하는 이치가 없겠는가? 오늘의 불행은 그렇지 않은 바가 또한 있는 것이다. 이때를 당하여 엄숙히 하늘[天: 천자]의 위엄을 받들면서 적을 깔보는 마음이 연달아 승리한 후에 생겨 눈에는 일개 온전한 왜적이 보이지도 않았으니, 대군(大軍: 명나라 군)을 그대로 머물러 두고서 유독 가정(家丁: 家兵)으로 활을 잘 쏘는 자 1,000여 명과 더불어 달려온 것이다. 우리나라 장수 고언백(高彦伯)과 명나라 부장(副將) 사대수(査大受)는 끝내 후군(後軍)이 오지 않은 까닭에 사상자가 매우 많았으니, 원통함을 견딜 수 있으랴.

○ 제독(提督: 이여송)은 마침내 파주(坡州)로 돌아와 밤이 깊도록 가정(家丁: 家兵)으로서 친히 믿던 자들이 전사한 것을 슬퍼하여 통곡하였는데, 정신과 기력이 또한 매우 편치 못한 기색이 있었다. 이튿날 아침에 갑자기 군사를 동파역(東坡驛)으로 후퇴시키라는 명령을 내렸다. 선생(先生: 류성룡)과 우의정(右議政) 유홍(俞泓)이 후퇴하지 말아야 함을 힘껏 간쟁했지만, 제독이 끝내 의혹의 마음을 되돌리지 않았다. 원수(元帥) 김명원(金命元)과 내가 틈을 엿보아 말하기를, "수상(首相: 영의정)이 있는 힘을 아끼지 않고 간쟁한 것은 의리로 보아 참으로 옳습니다. 어찌 갑자기 천병(天兵: 명나라 군)을 동원하여 적의 기세를 북돋울 수 있단 말이오? 이기고 지는 것이야 흔한 일이니, 바라건대 제독은 굽어살펴 주시오."라고 하였는데, 제독이 오랫동안 묵묵히 있다가 잠시 천천히 대답하기를, "내가 동파로 물러나서 주둔하려는 것은 우리 군사를 쉬었다가 다시 진격하려는 계획일 뿐이오."라고 하였다.

이날 삼영(三營: 장세작·양원·이여백)의 군사들이 일시에 돌아가 임진강(臨津江)에 이르러 동파역 앞에 주둔하였는데, 또 이튿날 개성부로 물러나려고 하였다. 이에 선생이 피눈물을 흘리며 굳게 자신의 의견을 내세워 다투었으나, 제독은 끝내 듣지 않더니 이윽고 말을 타고서 마침내 개성으로 돌아가며 총병(總兵) 장세작(張世爵)으로 하여금 선생을 불러 군대의 일을 의논하게 하였다.

때마침 선생이 파주(坡州)에 있었는데, 유격장(遊擊將) 주홍모(周弘謨)가 장차 왜적의 진영으로 들어가려 하며 기패(旗牌: 황제 명령의 깃발)를 가지고 와서 여러 신하와 선생에게 들어가 참배하게 했는데, 선생만 홀로 응하지 않고 말을 달려 동파(東坡)로 돌아갔다. 주홍모가 상황을 말하니, 제독(提督: 이여송)이 크게 노하여 명나라 사람 3명으로 하여금 말을 타고 급히 뒤쫓게 했으나 모두 뒤처졌다. 오직 나와 김제(金霽)·신경진(辛慶晉)만이 선생을 따라가 청교역(靑郊驛)에 이르렀는데, 제독이 선생을 잡아들이려 했으나 때마침 이경(李慶)이 사실대로 말한 것으로 인하여 즉시 그쳤다.

○ 선생이 김경로(金敬老)에게 명하여 고언백(高彦伯)·이시언(李時言) 등과 함께 경성(京城)에 있는 왜적들을 뒤쫓아가 공격하도록 했으나 군사가 없음을 핑계하고 머뭇거리며 전진하지 않자, 체부(體府: 체찰사가 군무를 보는 곳)가 곤장의 형벌을 집행하겠다며 전진하도록 독촉하니 바야흐로 파주(坡州) 등지에 있으면서 여전히 또다시 머뭇거려 나를 보내어 잡아 오게 하였다.

○ 3월 7일, 동파역(東坡驛)에 있었다. 충청 의병장(忠淸義兵將) 이산겸(李山謙)이 개성(開城)에 와서 당인(唐人: 명나라 사람)을 보고 말하기를, "먼저 남쪽으로 내려가는 길을 공격하면 경성(京城)에 있는 적들은 절로 무너질 것이오."라고 하자, 당인(唐人)이 이를 참장(參將)에게 고했고, 참장은 이산겸을 불러 계책을 묻고 나서

선생에게 편지를 보냈다. 선생은 답신에서 그 계책의 묘함을 극찬하고 즉시 나에게 명하여 군사 10여 명을 거느려 천장(天將: 명나라 장수)과 이산겸을 호송하게 하였다.

○ 4월 19일, 제독이 마침내 진군하여 동파(東坡)에 이르러 사대수(査大受)의 군막(軍幕)에서 유숙하였다. 이는 대개 왜적이 이미 군대를 철수하기로 약속했기 때문에 이처럼 경성(京城)으로 들어가려는 계획이었다.

다음날 20일, 경성이 수복되었다. 천병(天兵: 명나라 군)이 도성(都城)으로 들어오고, 여러 대신과 선생이 그 뒤를 따랐다. 나 또한 선생을 모시고 가면서 가현(駕峴)에 올라 멀리 도성 안을 보았는데, 한 기와집이 우뚝하게 홀로 서 있어서 곧장 달려 들어가니 바로 소공주(小公主: 왕후의 집, 南別宮)의 저택이었다. 이 저택에서 제독(提督: 이여송)을 맞이했는데, 예를 마치고 여러 대신이 차례로 물러 나왔다. 선생 또한 물러 나오며 도성 안에 남아 있던 백성에게 들으니, 왜적은 이보다 하루 전에 도성을 빠져나갔다고 하였다.

오호라! 국가의 액운이 어찌 한결같이 이 지경에 이르러서 지난날 즐비했던 관청과 사가(私家: 개인 집)들이 모두 불타 없어지고, 살아남아 있는 백성들도 백 명에 한두 명꼴이 되지 않았다. 행차가 종묘(宗廟) 앞에 이르자 선생은 통곡하였고, 여러 대신도 울음소리조차 나지 않을 정도로 울부짖지 않는 이가 없었다.

선생은 제독이 묵고 있는 객관(客館)에 찾아가서 안부를 묻고 군

사를 일으켜 급히 왜적을 추격하기를 바랐으나, 제독은 한강(漢江)
에 배가 없다고 대답했다. 선생은 사람을 시켜 배가 준비되었다는
문서로 알리자, 얼마 뒤에 이여송(李如松)이 만여 명의 군사를 거
느리고 강변으로 나왔다가 갑자기 족질(足疾: 발병)이 났다고 핑계
하며 돌아갔다.


○ 정읍 현감(井邑縣監) 이순신(李舜臣)이 평소 충성스러운 절개
며 담력과 지략으로 명성을 한세상에 드러냈다. 신묘년(1591) 2월
에 주상이 장수를 추천하라는 명을 내려서, 선생이 특별히 추천하
여 전라좌도 수군절제사(全羅左道水軍節制使)가 되었다. 이공(李
公: 이순신)은 일찍부터 선생과 잘 아는 사이라서 왕래가 자못 빈번
했다. 나 또한 여러 차례 막부(幕府)를 갔는데, 믿고 맡긴 바를 잘
하여서 그의 충성과 장한 기백을 마음으로 복종하였다.

무술년(1598) 10월에 이르러 제독(提督) 유정(劉綎)이 재차 순천
(順天)에 있는 왜적을 공격하였을 때, 이공(李公)이 승리를 틈타서
남해(南海) 지경까지 이르러 또 적선을 격파하다가 적의 탄환에 맞
아 죽자, 전 군사가 모두 통곡하여 울음소리가 바다를 진동하였다.
부음이 온 조정에 들려오니 그의 재주와 국량을 애석해하지 않는
이가 없었는데, 선생 더욱 지극히 애통해하여 나에게 명을 내려
상소(喪所)로 달려가도록 하였다. 이공(李公)의 조카 이완(李莞)·
이분(李芬) 등과 함께 상을 치르며 상여를 운구하는데, 인민들이
제사를 올리고 수레를 당기면서 곡하였다.

○ 선전관(宣傳官) 김성보(金星報)는 같은 군민(郡民)으로 일찌 감치 과거에 급제하고 재주와 국량이 있어서 선생이 일찍부터 기특하게 여기고 사랑하였는데, 나 또한 왕래하며 늘 얼굴을 대하였다. 그가 평안 우후(平安虞候)에 추천되어 뛰어올랐을 때, 조정에서는 장차 사람을 파견하여 천병(天兵: 명나라 군)을 향도(嚮導)하게 하였다. 선생이 김성보를 추천하였고 주상이 특명으로 파견했는데 불행히도 죽었으니, 슬펐다.

○ 전 의금부 도사(前義禁府都事) 조호익(曺好益)이 군사를 강동(江東: 평안남도 소재 지명)에서 수백 명을 모아 상원(祥原)으로 나와서 진(陣)을 치고 왜적을 맞아 많이 베어 죽였다. 동짓날 군사를 거느리고 멀리 행재소(行在所)를 바라고 통곡하니, 그가 충의로써 사람들의 마음을 북돋우는 것이 이와 같았다.

○ 당시 교남(嶠南: 영남)에서 급보가 날마다 들리는데도 집에서 오는 편지는 적막하기만 하여 염려해 마지않았더니, 인편과 편지가 어딘가로부터 천 리 떨어진 서쪽 저택으로 왔다. 한 자 정도되는 집에서 온 편지는 나그네 시름을 씻기에 충분하거늘, 하물며 노략질하는 왜적의 소굴에서 대소가(大小家)의 권속(眷屬)들이 산골짜기의 숲속으로 달아나 숨어 추위와 굶주림을 겨우 면하였다고 하니, 이것은 내 동생의 지혜와 계책이 남보다 뛰어났기 때문이리라. 기쁜 마음을 어찌 다 말할 수 있겠는가?

○ 10월에 대가(大駕)가 도성(都城)으로 돌아왔다.

이보다 앞서 심유경(沈惟敬) 〈이하 결락〉

○ 정유년(1597) 8월, 경성(京城)의 상류를 막아서 지킬 기구(器具)를 대강 준비한 뒤에 강화(江華)를 순찰할 뱃길을 살폈는데, 강화는 수사(水使: 경기 수사) 이사념(李思念)에게 조치하도록 거듭 타이르고, 또 나에게 명을 내려 해도(海島)로 달려가서 높은 곳에 올라 적의 동정을 감시하게 하였다.

○ 이때 왜적들은 이미 모두 남쪽으로 내려가 강가에 나뉘어서 진을 쳤다. 울산(蔚山)에서 동래(東萊)·김해(金海)·거제(巨濟)에 이르기까지 거듭 진을 치며 서로 이어져 10여 둔진(屯陣)이나 되었는데, 산에 의지하여 성을 쌓고 바다를 의지하여 참호를 파고서 오랫동안 머무를 계획으로 삼았다.

천병(天兵: 명나라 군)은 성주(星州)·선산(善山)·거창(居昌)·경주(慶州)에 주둔하면서 서로 바라보기만 할 뿐 진격하지 않았다.

조정은 왜적이 바닷가의 고을에 진을 치고 있다는 말을 듣고 왕명을 내려서 여러 장수를 독려해 왜적을 추격하게 하자, 도원수(都元帥) 김명원(金命元)과 순찰사(巡察使) 권율(權慄)이 의령(宜寧)에 모여서 합쳤다. 의병장 곽재우(郭再祐)·고언백(高彦伯)과 마찬가지로 또한 모두 머뭇거릴 뿐이었다. 여러 장수가 각자 흩어져 가버리자 김명원(金命元)·권율(權慄)·이빈(李贇)·최원(崔遠) 등은 전

라도(全羅道)를 향해 먼저 갔고, 김천일(金千鎰)·최경회(崔慶會)·
황진(黃進) 등이 진주(晉州)로 향하니 왜적들이 뒤따라와서 성을
포위하였다. 며칠 동안 싸우다가 황진이 탄환을 맞아서 죽으니,
군인들이 사기가 꺾였고 왜적들은 진주성(晉州城) 안으로 들어왔
다. 김천일은 촉석루(矗石樓)에 올라 최경회와 손을 잡고 통곡하다
가 남강(南江)에 투신하여 죽었다. 조정에서 이 사실을 듣고 슬퍼
하며 김천일을 의(義)를 위해서 죽었다고 하여 의정부 우찬성(議政
府右贊成)에 추증하였다.◎

천장(天將: 명나라 장수)들이 모두 경사(京師: 경성)로 돌아왔다.
선생은 천장들을 따르다 병산(屛山)의 객관(客館)에 이르렀을 때
눈보라 추위가 갑자기 혹독하여 이틀이나 계속해서 머물며 길을
떠날 수가 없었다. 내가 틈을 내어서 앞으로 나아가 아뢰어 말하기
를, "선생님을 따라 전쟁통에 같이 들락날락한 것이 이미 여러 해
가 되었습니다. 다행히도 천조(天朝: 명나라 조정)의 재조지은(再造
之恩)을 입어 경성(京城)을 수복하고 대가(大駕)도 되돌아왔습니
다. 그러나 단지 변방의 근심만은 미처 사라지지 않았는데 천병(天
兵: 명나라 군)이 또 경성을 향해 가니 재차 군사를 일으키겠다는
기약은 몇 개월이나 지나야 할지 알 수가 없는지라, 선생님의 오늘
이 행차는 국가의 중대한 직분이오니 참으로 그만둘 수가 없사옵
니다. 임금의 은혜가 망극하여 용렬하고 어리석은 저에게 정략장
군(定略將軍)의 품계를 내려주시고 감축하는 성심(誠心)에 보답할
방도가 없었사온데, 다행히도 선생님께서 두루 사랑하고 사사로이

베풀어 주신 은혜에 힘입어 머나먼 관서(關西) 땅에서도 끝내 낭패함이 없이 돌아왔으며, 다시 호남(湖南)에 갔다가 이곳에 이르렀으니 천운(天運)이 아닐 수 없습니다. 뒷날 공훈을 인정하여 포상하는 은전(恩典)에 좌막(佐幕)의 소임이 미칠 바가 아니겠으나, 풍당(馮唐: 한나라 문제 때의 인물)이 이미 늙었다고 한 탄식과 이광(李廣: 한나라 무제 때의 명장)이 높은 관작에 봉해지기 어려웠다고 한 한탄이 늘 간절합니다. 다만 한 해가 저무는 것이 가까이 닥쳐오니 돌아가고 싶은 마음이 진정으로 다급하온데도 선생님께서 서쪽으로 행차하시는 것은 참으로 의로운 바이옵니다. 그러나 소장(小將)이 오늘 돌아가고자 함에 이르러서는 나라가 재차 군사를 일으킬 기약과 무관하고 또한 선생님의 좌막(佐幕)으로서 다니던 길에 유감이 있어서가 아니니, 엎드려 바라옵건대 선생님께서는 고향으로 돌아갈 수 있도록 허락해주소서."라고 하자, 선생이 말하기를, "장부(丈夫)의 걸음은 처음부터 끝까지 미쳐야 하거늘, 갈 길을 앞에 두고 헤어지려니 어찌 애석하지 않으랴?"라고 하니, 대답하기를, "조금 전에 집 소식을 들었사온데 아내의 병이 더욱 위독하다고 하니 인정과 의리에 있어서 결단코 그만둘 수가 없거늘, 하물며 난리를 겪은 뒤라서 집에 처음 돌아왔으나 몸을 보살피며 약을 먹게 할 길이 보이지 않으니 도모해야 합니다. 더구나 인명의 길고 짧음은 실로 헤아려 알기 어려우니, 살아 있을 때 영원히 이별하는 것이야말로 제가 바라는 일이옵니다. 특별히 제가 돌아가 인정과 도리를 다할 수 있도록 놓아주시는 것이 어떻겠습니까?"라고 하였다. 선생이 끝내 말미를 주지 않는지라, 다시 막내의 편지를 삼가 보이며 극진히 청하자, 선생이 말하기를, "8년 동안 먼지투성이 속에서 머리카락도 수염도 모두 다 하얘졌으니 나아가는 것 같이 하고 물러나는 것도 같이하는 것이 도리상 당연하나, 사정이 이같이 절박하다니 참으로 만류할 길이 없구나. 군(君: 황귀성)은 돌아가도록 하라."고 하였다.

이튿날 눈길이 차츰 통하고 날씨도 비교적 온화하여 마침내 길을 떠나 단산(丹山)에 이르러서 말에게 먹이를 주고 군사들에게도 음식을 주었다. 내가 이윽고 양 경리(楊經理: 楊鎬)와 마 제독(麻提督: 麻貴)을 만나러 들어가 장막 아래서 작별 인사를 하였는데, 경리와 제독이 선생을 불러놓고 묻기를, "황귀성(黃貴成)의 재주와 지략이 아직 왜적을 정벌하는 전장에서 쓰이지 않았던 데다 사태를 헤아리는 것도 자못 뛰어나고 적을 헤아리는 것도 매우 익숙하니 다시 그와 같은 적임자를 얻기가 어렵거늘, 바야흐로 지금 적의 칼날을 미처 다 물리치지 못하였는데 먼저 스스로 돌아가겠다고 고하는 것은 무슨 까닭이오?"라고 하니, 선생이 대답하기를, "그 집안의 처지가 만류하여 붙잡을 수가 없소이다."라고 하고는 사막(私幕: 개인 장막)에서 물러 나왔다. 내가 뒤따라 나오자, 선생이 편지를 써서 주며 말하기를, "군(君)이 집으로 돌아갈 때 반드시 먼저 하외(河隈: 풍산현 서쪽 소재 마을)를 지나야 할 터이니, 이 편지를 전해주게."라고 하였다. 이별하려니 아직도 서운한 마음을 견딜 수가 없었으나, 삼탄진(三灘津)을 향해 돌아서면서 전송하니,

해는 벌써 기울었다.

다리 언저리까지 걸어 나갔는데, 음지에 남았던 눈이 비로소 녹으며 길이 얼어붙어 기름처럼 미끄러워 말이 발을 디딜 수가 없었으나 산을 넘고 물을 건너서 길을 갔다. 마을 앞에 이르니, 번듯하게 솟은 누각 하나가 예전처럼 서 있었는데, 노비 완석(完石)을 시켜 먼저 들어가 기별을 알리도록 하였다.

이때 아내는 병이 이미 극심하여 의식이 흐려져서 사람이 들고 나는 것을 알지 못했는데, 마침내 큰 소리로 부르니 겨우 한번 눈을 떠서 그윽이 보고는 끝내 말 한마디 없이 죽었다. 때는 바로 기해년(1599) 1월 2일이었다.【협주: 사금중동초보(絲今重洞草譜)에서 보았으므로 교정할 때 실었다.】


○ 이웃 사는 친구 권□가(權□可)는 어렸을 때부터 사귄 친구로 내 동생과 난리를 만나 도망쳐 숨어 지내면서 서로 도와주었는데, 내가 돌아온 것을 듣고 와서 위로하여 말하기를, "살아서 헤어져 있다가 죽어 이별한 자네의 변고는 참으로 마음이 아프고 답답하나 살아 있을 때 그래도 영원히 이별하게 되었으니 더욱 기이함이 간절하니, 체모에 손상되는 일은 하지 말게나. 우리 집의 화(禍)는 참혹하여 차마 다른 사람에게 말하지 못할 것이라네. 8년 동안 늙으신 어머니의 상(喪)과 아내의 죽음이 숲 사이에 있을 때 계속하여 일어나 얼어붙은 눈 속에서도 아침저녁으로 제사 받드는 일을 하며 품은 참혹함과 애통함을 어찌 차마 입에 담을 수 있겠는가?

더욱이 마음 아프고 답답한 것은 벌써 3년이 지났는데도 모두 아직 미처 장례를 치르지 못한 것이니, 사람의 자식으로서 가장으로서 애통하고 절박한 부분이라네. 지금 자네는 명성이 전장에서 널리 퍼졌다가, 상처투성이뿐인 처참한 세상에 살아 돌아왔으니 어찌 다행이 아니겠는가?"라고 하였다. 내가 대답하기를, "자네 집안의 운수가 어찌 그리도 사납단 말인가? 내가 오늘 애통해하는 것은 단지 늙은 아내만을 위해서 곡하는 것이 아니라네."라고 하였다. 눈에 가득한 광경은 덧없이 변하지 않은 것이 없으니, 모두 말하지 않는 편이 차라리 나았다.

○ 선생이 손수 쓴 편지가 도착하여 받들어 읽어보았다.

○ 거처하던 초당(草堂)이 본디 좁아 답답했고 오랫동안의 비바람으로 허물어진 데다, 변란을 겪은 뒤에 또한 빈소로 사용되며 밤낮 동안 무릎조차 들여놓기도 매우 어려웠던지라 편리하도록 장인(匠人)을 불러 도모하였다. 한 달 사이에 몇 칸의 집을 지었는데, 매우 조용하고 한가하여 늙은이가 만년에 휴식하는 곳으로 지극히 뜻에 딱 맞았다.
벗 권 아무개가 말하기를, "당(堂)이 있고 당호(堂號)가 없으면 또한 하나의 흠일러라. 군(君)의 평생을 아는 것도 나만 한 이가 없으리니 내 또한 이름을 지어주겠네."라고 하고서 이윽고 만휴(晚休)라는 두 글자로 그 편액을 썼다. 내가 웃으며 말하기를, "편액을

달기는 심히 외람되나, 걸어놓을 이름으로는 참으로 합당하네."라
고 하였다. 날마다 벗 권 아무개와 바둑도 두고 거문고도 타면서
〈이하 결락〉라는 글귀를 나에게 보여주면서 말하기를, "졸렬한
글을 엮어 자네가 해야 할 사업을 일컫기에는 부족하네."라고 하는
지라, 내가 말하기를, "주인이 의당 먼저 시를 지어야 하나, 군(君)
이 먼저 주창(主唱)하니 진실로 훌륭하네. 나 또한 화운(和韻)하겠
네."라고 하자, 벗 권 아무개가 읊기를, "난리를 겪은 뒤에도 지향
하는 바가 어찌 그리 장한가?"라고 하였다.

○ 강가에 있는 바위는 넓이가 하나의 오솔길 같았고, 또 맑은
연못 하나가 있는데 떼 지은 물고기들이 오가며 바위굴 사이에서
알을 낳고 새끼를 기르니, 머물며 낚시질하고 노는 곳으로 삼았다.
조상 때부터 이곳에 살면서 이곳에서 낚시질하여 이름짓기를 조대
(釣臺)라고 하였다.

싸움터에서 돌아왔을 때 예전 그대로 암석이 강가에 있었다. 나
는 날마다 벗 권 아무개와 서로 노닐면서 늙은이가 돌아와 쉬는
곳으로 삼고 또 1연(聯)의 시(詩)를 지었다.

○ 어느 날, 내가 병으로 몸져누워 일어날 수 없게 되자 동생을
돌아보며 일러 말하기를, "지난번 서쪽 지방으로 가서 왕사(王事:
나랏일)를 떨쳐 일으키지 못한 것과, 옥련방(玉蓮坊: 황해도 개성 소
재)과 가까운 곳에 가서 머문 것이 몇 차례 되었지만 끝내 선영(先

塋: 黃希碩의 묘)에 성묘하고 참배하지 못한 것이 내 평생토록 한하는 바일러라. 올해는 쇠약함이 날마다 다가와 닥쳐오니 더욱 제가 (齊家: 집안을 잘 다스려 바로잡음) 한 가지에만 마음을 쓰게 되지만, 필수(弼守: 황귀성의 아들)의 학업이 아무런 진보가 없으니 도잠(陶潛)의 〈책자(責子)〉라는 시(詩)야말로 옳은 말이 아니겠느냐? 내가 좋아하는 바를 따라 거문고를 타면서 시를 짓는 것만 한 것이 없으리라."고 하였다. 이튿날 꾸짖어 하외(河隈)로 보냈다. 〈이하 다수의 구절 결락〉

하루는 필수(弼守)가 와서 알리며 말하기를, "어제 도성의 소식이 곧바로 왔사온데, 선생의 행차 깃발이 금명간 있을 것이라고 합니다."라고 하였다. 그 후 3일째 되던 날 아침에 선생의 편지가 도착했는데, 여기에 온 심부름꾼에게 물어보니, 말하기를, "이 편지는 지난 달에 나왔습니다. … 〈이하 결락〉 …

# 晚休 黃貴成
# 亂中記事

# 亂中記事

余生長窮巷, 常抱孤陋之恨, 癸酉秋, 始拜西厓[1]柳先生于河上[2]
廬次[3]。先生不以傭愚而外之, 收置門下, 首授以周禮[4]司徒[5]之敎,

---

1 西厓(서애): 柳成龍(1529~1603)의 호. 본관은 豊山, 자는 而見. 李滉의 제자이
  다. 1566년 별시문과에 급제하였다. 1569년 聖節使 서장관으로 명나라에 다녀
  왔다. 1583년 부제학이 되어 〈備邊五策〉을 지어 올렸으며, 1589년에는 왕명으
  로 〈孝經大義跋〉을 지어 올리기도 하였다. 왜란이 있을 것을 대비해 형조정랑
  權慄과 정읍현감 李舜臣을 각각 의주목사와 전라도좌수사에 천거하고 1592년
  4월 판윤 申砬과 軍事에 대하여 논의하여 일본침입에 대한 대비책을 강구하였
  다. 4월 13일 왜적의 내침이 있자 도체찰사로 군무를 총괄하고, 영의정이 되어
  왕을 扈從하였다. 1593년 명나라 장수 이여송과 힘을 합해 평양성을 수복하고
  4도의 도체찰사가 되어 군사를 총지휘하여, 이여송이 碧蹄館에서 대패하여 西
  路로 퇴각하자 권율 등으로 하여금 파주산성을 방어케 하였다. 1604년 扈聖功
  臣 2등에 책록되고 다시 豊山府院君에 봉해졌다. 영남유생의 추앙을 받았다.
2 河上(하상): 河回를 가리킴. 경상북도 안동시 풍천면에 있는 마을이다.
3 廬次(노차): 喪中에 상주가 거처하기 위해 초가집으로 만든 幕次. 1573년 7월
  이때 류성룡은 부친상을 당했기 때문이다.
4 周禮(주례): 중국 주나라 왕실의 관직 제도와 전국시대 각국의 제도를 기록한
  유교 경전.
5 司徒(사도): 중국의 고대 周代의 관제에서 예의를 통해 교화를 담당하였다는
  관직. 《尙書註疏》〈周書·洪範·三八政〉의 "비록 편안하게 거처할 곳이 있더라
  도 예의가 아니면 설립하지 못하므로 사도가 예의로써 가르치기 때문에 사도가
  다섯째가 된 것이다.(雖有所安居, 非禮義不立, 司徒敎以禮義, 故司徒爲五
  也.)"라고 하였다.

自是往來承誨, 積有年所矣。當壬辰四月, 往侯于墨寺洞[6]京第,
十三日倭兵犯入釜山浦, 十七日早朝邊牒卒至, 自備邊司[7]特薦先
生爲體察使[8]。時邊報陸續[9]不絶, 賊兵已過密陽[10]·漆谷[11], 殆近嶺
底云。先生曰: "今吾受任於艱險之地, 而擢君以佐幕任, 勿卑小
官。無念妻孥, 共力王事, 同歸死生, 於意何如? 且知人最難, 而
君之出入吾門下, 近二十餘歲, 知君之心爲忠。且信識君之勇爲
强且毅, 每事周徧[12], 無窘束壞缺處, 足以當大事·任要職, 而方
荷丕責, 發程不遠。軍官中, 探知之任, 最難得其人, 君其爲我先

---

6　墨寺洞(묵사동): 서울특별시 성북구 성북동에 있던 마을. 옛날 이곳에 墨寺라는
　　절이 있어서 묵사동·북절골·北寺洞이라고 했던 데서 유래되었다. 또 이곳에
　　관청에서 쓰이는 먹을 제조하여 공급하던 관아인 묵시가 있던 데서 유래되었다
　　고도 한다.

7　備邊司(비변사): 조선시대 軍國機務를 관장한 文武合議機構. 조선의 군사행정
　　은 국방부격인 병조에서 관장하였는데, 외적의 침입 등 변방에 국가적 비상사태
　　가 발생하면 병조 단독으로 군사 문제를 처결할 수 없어, 의정부와 六曹의 대신,
　　그리고 변방의 일을 잘 아는 知邊司宰相(경상도·전라도·평안도·함경도의 관
　　찰사와 兵使·水使를 지낸 종2품 이상의 관원)으로 구성한 회의에서 협의, 결정
　　하였다. 그러나 이 회의는 대개 적의 침입이 있다는 보고를 받은 연후에 소집되
　　어 즉각 대처하지 못하는 일이 많았기 때문에, 남쪽 해안과 북쪽 국경지대에
　　대한 국방대책을 사전에 마련하기 위해, 1517년 6월 비변사를 설치하였다.

8　體察使(체찰사): 조선시대의 전시 총사령관. 임명되는 자의 직급에 따라 都體察
　　使와 체찰사로 구별되었으며, 주로 비상시에 군대를 지휘하거나 기타 군사업무
　　를 맡았다.

9　陸續(육속): 계속하여 이어짐.

10　密陽(밀양): 경상남도 동북부에 위치한 고을.

11　漆谷(칠곡): 경상북도 남서부에 위치한 고을.

12　周徧(주편): 모든 면에 두루 걸침.

發, 可也." 對曰: "旅食[13]京邸[14], 當此判渙[15]之時, 孰無保軀命戀
妻子之心, 而陪於是·遊於此者, 爲先生眷愛之恩, 欲報其萬一者
也. 鄙生, 性雖蒙愚, 豈以艱危之勢, 私自逃生, 變其夷險一節,
而棄先生於千萬賊藪中耶? 且死生有命, 家孥之存沒逃遁, 不足
掛念, 而但國步艱難, 先生方受重任, 爲公保私, 竊有所望. 而雖
以淺智·殘勇, 隨事補給, 終始如一, 是區區之願也." 將卜日, 發
行時, 先生在中樞府[16], 卽治行事, 先生謂余曰: "募致軍官, 君自
擇定先發." 令下軍官, 願從者二十餘員. 翌日, 方試才於樞府前
庭. 都巡邊使申砬[17], 以武士不肯從, 不得發, 請謁先生通剌[18], 後
見先生召募軍官甚多, 顯有不豫之色, 先生卽以軍官單子授送.

◎[19]○　慶尙左兵使[20]金誠一[21]爲本道招諭使, 咸安[22]郡守柳崇

---

13　旅食(여식): 타향에서 사는 일. 떠돌며 얻어먹음.

14　京邸(경저): 조선시대 때 각 지장에서 서울에 파견된 京邸吏가 임시로 묵으면서
　　그 지방 관청의 일을 대행하던 곳.

15　判渙(판환): 흩어짐. 분산됨.

16　中樞府(중추부): 특정한 관장사항이 없이 문무의 당상관으로서 소임이 없는 자
　　들을 소속시켜 대우하던 기관.

17　申砬(신립, 1546~1592): 본관은 平山, 자는 立之. 1567년 무과에 급제하여
　　1583년 북변에 침입해온 尼湯介를 격퇴하고 두만강을 건너가 野人의 소굴을
　　소탕하고 개선, 함경북도 병마절도사에 올랐다. 임진왜란 때 三道都巡邊使로
　　임명되어 忠州 達川江 彈琴臺에서 背水之陣을 치며 왜군과 분투하다 패배하여
　　부하 金汝岉과 함께 강물에 투신 자결했다.

18　通剌(통자): 명함을 드림.

19　이 표시는 다음에 있는 곳까지 西厓 柳成龍의 《懲毖錄》에 근거하여 볼 때 서로

仁<sup>23</sup>爲兵使<sup>24</sup>。先是, 金公自日本還言: "倭兵不動." 與黃允吉<sup>25</sup>所

---

닮아 있음을 나타낸 것임.

20 慶尙左兵使(경상좌병사): 김성일은 1592년 형조참의를 거쳐 경상우도병마절도
사로 재직하던 중 임진왜란을 맞이하였음. 원문은 착종되어 있다.

21 金誠一(김성일, 1538~1593): 본관은 義城, 자는 士純, 호는 鶴峯. 金克一의
셋째 동생으로, 趙靖의 처삼촌이 된다. 1564년 사마시에 합격했으며, 1568년
증광 문과에 급제하였다. 1577년 사은사의 서장관으로 명나라에 가서 宗系辨
誣를 위해 노력했다. 그 뒤 나주목사로 있을 때는 大谷書院을 세워 김굉필·조
광조·이황 등을 제향했다. 1590년 通信副使가 되어 正使 黃允吉과 함께 일본
에 건너가 실정을 살피고 이듬해 돌아왔다. 이때 서인 황윤길은 일본의 침략을
경고했으나, 동인인 그는 일본의 침략 우려가 없다고 보고하여 당시의 동인정
권은 그의 견해를 채택했다. 임진왜란이 일어나자, 잘못 보고한 책임으로 처벌
이 논의되었으나 동인인 柳成龍의 변호로 경상우도 招諭使에 임명되었다.
1593년 경상우도 관찰사 겸 순찰사를 역임하다 晉州에서 병으로 죽었다.

22 咸安(함안): 경상남도 남부 중앙에 위치한 고을.

23 柳崇仁(류숭인, ?~1592): 본관은 文化. 함안군수로 있을 때 임진왜란이 일어나
성이 포위되자 군민과 합세하여 성을 지켰다. 6월 郭再祐의 의병에게 진로를
차단당한 왜군을 추격하여 47명을 참획하는 전과를 올렸다. 진해에서 李舜臣
휘하의 함대와 합세하여 적을 크게 무찔렀다. 7월 금강을 거슬러 공격해 오는
왜군을 직산현감 朴誼와 합동으로 대적하여 전공을 세웠다. 경상우도 병마절도
사에 특진, 10월 창원에서 진주성을 지원하러 갔다가 전사했다.

24 《선조수정실록》1592년 4월 14일 12번째 기사에 의하면, 慶尙右兵使였던 김성
일을 잡아다 국문하도록 명하였다가 미처 도착하기 전에 석방시켜 도로 경상우
도 招諭使로 삼고 대신 함안군수 柳崇仁을 兵使로 삼았으며, 김성일은 本營으
로 달려가 前兵使 曺大坤을 머물게 했다고 하였다. 김성일의 연보에 의하면,
1592년 봄에 형조참의에 特拜되었다가, 4월 경상우도 병마절도사에 特除되었
는데, 임진왜란이 일어나자 宣祖의 拿命에 의하며 도성으로 올라오는 도중에
초유사로 임명되어 다시 영남으로 갔던 것으로 되어 있다.

25 黃允吉(황윤길, 1536~?): 본관은 長水, 자는 吉哉, 호는 友松堂. 1558년 사마
시에 합격하여 진사가 되고, 1561년 진사로서 식년문과에 병과로 급제하였다.
여러 벼슬을 거쳐 1583년 황주목사를 지내고, 이어 병조참판을 지냈다. 1590년

言, 大不同, 先生問曰: "君言旣如是, 萬一有變將奈何?" 金公曰: "吾亦豈料其終不動? 但稍解民情." 〈八字缺〉在傍親聞者詳矣. 及是時, 上以某之言, 解人心・誤國事, 遂有拿致之命. 俄而, 上知金某收得本道士民心, 命赦其罪, 因拜招諭職. 時先生書報往復, 余輒奉行金公, 辭甚慷慨, 諭余以勉國事・勤討賊之意, 心竊感服矣. 至是, 有下獄之令, 竟得蒙放之命, 不勝幸賀.

○巡邊使申砬, 屯兵忠州[26], 敗績[27]而歿. 砬有將略, 而素有自恃輕賊之意, 嘗來謁先生於私邸, 論用兵臨戰之策, 言甚輕易. 先生明其不然, 砬終不省悟而去. 至是, 不守鳥嶺[28]之險, 而退陣于彈琴臺[29], 致此溺沒之敗. 先生知人之鑑, 推此可服, 而申砬之輕賊致敗, 可勝歎哉. 四月三十日曉, 車駕將西幸平壤[30], 請兵天朝. 自領相[31]以下, 皆有扈從點出[32]之命, 而獨先生無所命, 政院[33]

通信正使로 선임되어 부사 金誠一, 書狀官 許筬과 함께 수행원 등 200여명을 거느리고 대마도를 거쳐 오사카로 가서 일본의 關伯 豊臣秀吉 등을 만나보고 이듬해 봄에 환국하여, 국정을 자세히 보고하였다. 서인에 속한 그가 일본의 내침을 예측하고 대비책을 강구하였으나, 동인에 속한 김성일이 도요토미의 인물됨이 보잘것없고 군사준비가 있음을 보지 못하였다고 엇갈린 주장을 하여 일본 방비책에 통일을 가져오지 못하였다.

26 忠州(충주): 충청북도 북부에 위치한 고을.
27 敗績(패적): 자기 나라의 패전을 일컫는 말.
28 鳥嶺(조령): 경상북도 문경시 문경읍 새재로에 있는 고개.
29 彈琴臺(탄금대): 충청북도 충주시 칠금동에 있는 대. 1592년 임진왜란 당시 신립 장군의 격전지로 유명한 곳이다.
30 平壤(평양): 평안남도의 남서부, 대동강 하류에 위치한 고을.

啓: "扈從不可無柳某." 於是, 令扈行. 時京城堅守之論, 從中出
萬口, 和附姑未決. 俄而, 巡邊使李鎰[34]狀啓夜至, 車駕卽時而發,
自景福宮[35]前. 哭聲一時滿城中, 雖丈夫剛腸, 不忍見·不忍聞

---

31  領相(영상): 영의정 李山海(1539~1609)를 가리킴. 宣祖가 도성을 버리고 파천
하기로 결심하였지만 신하들의 반대가 이어지자, 영의정 이산해가 과거에도 파
천한 사실이 있다는 말로 선조를 거들어 파천한 결정하게 한 인물이다. 본관은
韓山, 자는 汝受, 호는 鵝溪·終南睡翁. 1578년 대사간이 되어 서인 尹斗壽·
尹根壽·尹晛 등을 탄핵해 파직시켰으며, 1588년 우의정에 올랐을 무렵 동인이
남인·북인으로 갈라지자 북인의 영수로 정권을 장악하였다. 1590년 鄭澈이 建
儲(세자 책봉) 문제를 일으키자 아들 李慶全을 시켜 金公諒(仁嬪의 오빠)에게
정철이 인빈과 信誠君을 해치려 한다는 말을 전해 물의를 빚었으며, 아들로 하
여금 정철을 탄핵시켜 강계로 유배시켰다. 한편 이와 관련해 호조판서 윤두수,
우찬성 윤근수와 白惟咸·柳拱辰·李春英·黃赫 등 서인의 영수급을 파직 또는
귀양보내고 동인의 집권을 확고히 하였다. 1592년 임진왜란 때 왕을 호종해 개
성에 이르렀으나, 나라를 그르치고 왜적을 침입하도록 했다는 兩司(사간원·사
헌부)의 탄핵을 받고 파면되었다. 白衣로 평양에 이르렀으나, 다시 탄핵을 받아
平海에 中途付處되었다.
32  點出(점출): 지명하여 선발함.
33  政院(정원): 都承旨 李恒福을 가리킴.
34  李鎰(이일, 1538~1601): 본관은 龍仁, 자는 重卿. 1558년 무과에 급제하여, 전
라도 수군절도사로 있다가, 1583년 尼湯介가 慶源과 鐘城에 침입하자 慶源府
使가 되어 이를 격퇴하였다. 임진왜란 때 巡邊使로 尙州에서 왜군과 싸우다가
크게 패배하고 충주로 후퇴하였다. 충주에서 도순변사 申砬의 진영에 들어가
재차 왜적과 싸웠으나 패하고 황해로 도망하였다. 그 후 임진강·평양 등을 방어
하고 東邊防禦使가 되었다. 이듬해 평안도병마절도사 때 명나라 원병과 평양을
수복하였다. 서울 탈환 후 訓鍊都監이 설치되자 左知事로 군대를 훈련했고, 후
에 함북순변사와 충청도·전라도·경상도 등 3도 순변사를 거쳐 武勇大將을 지
냈다. 1600년 함경남도병마절도사가 되었다가 병으로 사직하고, 1601년 부하를
죽였다는 살인죄의 혐의를 받고 붙잡혀 호송되다가 定平에서 병사했다.
35  景福宮(경복궁): 조선전기에 창건되어 정궁으로 이용된 궁궐. 서울특별시 종로

也。先生顧謂余曰: "車駕之西幸, 在所不已, 臣子之陪從, 尤爲得當, 而君之於我, 但同鄕之誼, 佐幕之分也, 以吾之故, 涉險濱危, 而至於斯耶?" 余對曰: "一諾尙存, 必無餘恨, 且職任雖殊, 爲公一也。況國勢如此, 陪先生同死生, 已決於平常時, 豈以千里平壤, 爲中道反改耶? 伏願先生勿復憂慮, 隨事量處, 分付施行, 以便公私." 卽隨車駕, 踰沙峴[36], 到碧蹄驛[37], 雨大注。上停駕驛舍, 卽出至臨津[38], 雨勢不止。日旣昏, 渡江入東坡驛[39]。越翌日夕, 次于開城[40]府大平館[41], 臺諫以首相交結誤國事劾奏, 至初二日朝, 上卽遞首相, 以先生特差, 一行群情, 莫不洽然。越七日, 過中和[42]入平壤。

○六月十一日, 車駕向寧邊[43], 時先生以唐將接待事, 留于平

---

구 세종로에 있다.

36  沙峴(사현): 무악재. 서울특별시 서대문구 현저동에서 홍제동으로 넘어가는 고개이다.

37  碧蹄驛(벽제역): 경기도 고양시 벽제역에 있는 조선시대 중국 사신이 한양으로 들어오기 하루 전에 유숙하던 객사.

38  臨津(임진): 臨津江. 함경남도 덕원군 마식령산맥에서 발원하여 황해도 판문군과 경기도 파주시 사이에서 한강으로 유입되어 서해로 흘러드는 강.

39  東坡驛(동파역): 조선시대 경기도 長湍에 위치한 역참.

40  開城(개성): 경기도 북서부에 위치한 고을.

41  大平館(대평관): 중국 사신이 머물던 객관. 고려감찰기구였던 정동행성에서 재정비한 건물이었다.

42  中和(중화): 평안남도 남부에 위치한 고을.

43  寧邊(영변): 평안북도 남동부의 九龍江 하류에 위치한 고을.

壤。是日, 賊攻城急, 卽時分排諸軍官, 各守門樓及大同江灘, 先
生與左相⁴⁴及元帥⁴⁵, 幷登鍊光亭⁴⁶。俄而, 有紅衣賊, 見亭上有
人, 暗以鳥銃, 窺點漸至沙岸, 放丸, 以地步⁴⁷之稍遠, 故竟不及。
余時在防牌內, 望見賊勢, 數多如林, 而覘其軍律, 不甚威壯, 卽
以片箭⁴⁸射之五巡, 所傷頗多, 又令軍官姜士益等十餘人, 從後射

---

44 左相(좌상): 좌의정 尹斗壽(1533~1601)를 가리킴. 본관은 海平. 자는 子仰, 호
  는 梧陰. 尹根壽의 형이다. 1592년 임진왜란이 발발하자 다시 기용되어, 어영대
  장·우의정을 거쳐 좌의정에 이르렀다. 이 해 평양 行在所에 임진강의 패배 소식
  이 전해지자, 명나라에 구원을 요청하자는 주장에 반대하고 우리의 힘으로 최선
  의 노력을 다하자고 주장하였다.

45 元帥(원수): 도원수 金命元(1534~1602)을 가리킴. 본관은 慶州, 자는 應順, 호
  는 酒隱. 1568년 종성부사가 되었고, 그 뒤 동래부사·판결사·형조참의·나주목
  사·정주목사를 지냈다. 1579년 의주목사가 되고 이어 평안병사·호조참판·전라
  감사·한성부좌윤·경기감사·병조참판을 거쳐, 1584년 함경감사·형조판서·도
  총관을 지냈다. 1587년 우참찬으로 승진했고, 이어 형조판서·경기감사를 거쳐
  좌참찬으로 지의금부사를 겸했다. 1589년 鄭汝立의 난을 수습하는 데 공을 세워
  平難功臣 3등에 책록되고 慶林君에 봉해졌다.1592년 임진왜란이 일어나자, 순
  검사에 이어 팔도도원수가 되어 한강 및 임진강을 방어했으나, 중과부적으로
  적을 막지 못하고 적의 침공만을 지연시켰다. 평양이 함락된 뒤 순안에 주둔해
  行在所 경비에 힘썼다. 이듬해 명나라 원병이 오자 명나라 장수들의 자문에 응
  했고, 그 뒤 호조·예조·공조의 판서를 지냈다. 1597년 정유재란 때는 병조판서
  로 留都大將을 겸임했다.

46 鍊光亭(연광정): 練光亭의 오기. 평양의 大同江 가에 있는 누각. 관서 팔경의
  하나로 대동강을 내려다볼 수 있는 德巖이라는 바위 위에 있다. 조선 중종 때
  許磁이 건립하였다.

47 地步(지보): 도달한 정도.

48 片箭(편전): 아기살. 조선시대 대표적인 화살로 짧고 작다. 쏠 때는 대나무를
  반으로 쪼갠 桶兒에 화살을 넣어서 쏘아야 한다. 살촉이 날카로워서 갑옷이나
  투구에 잘 박혔다.

之, 矢及岸上, 賊畏縮[49]而退去。

○七月, 先生病痔甚苦, 臥不視事。余甚憂之, 食飲藥餌等節,
無不干攝, 而症甚添劇, 爲公泣私茫, 不知所出。自行在送內醫[50]
診症, 特賜熊膽·蠟藥[51], 至四五調服, 症少差復。明日卽起視事,
群情抃賀。

○十三日, 方以糧餉接濟[52]爲憂, 適牙山[53]倉米一千二百石來,
泊定州[54]立巖地。先生不勝喜幸, 卽發遣守門將康士雍及余, 馳往
督運, 當日到泊于安州[55]。

○十九日, 遊擊將史儒[56], 中丸卽死。先是, 祖承訓[57]至義州[58],

---

49  畏縮(외축): 두려워서 몸을 움츠림.
50  內醫(내의): 조선시대 내의원 소속의 당하 의관. 堂上 의관은 御醫라 하였다.
51  蠟藥(납약): 臘藥. 섣달에 내의원에 만든 蘇合元·安神元·淸心元 같은 약. 임
    금이 가까운 신하에게 해마다 臘日에 나누어 주건 환약이다.
52  接濟(접제): 보급함.
53  牙山(아산): 충청남도 서북부에 위치한 고을.
54  定州(정주): 평안북도 남부 해안에 위치한 고을.
55  安州(안주): 평안도 兵營의 소재지. 평안남도 서북쪽에 위치한 고을이다.
56  史儒(사유, ?~1592): 명나라의 요동성 유격대장. 문무를 겸비한 무장이었다.
    일찍부터 비적들을 물리치는 등 전공을 세웠다. 임진왜란이 발발하자 조선을
    원조하러 왔다가 평양성에서 전사했다.
57  祖承訓(조승훈): 임진왜란 때 명에서 파견된 장군. 파병 당시 직위는 總兵. 1592
    년 7월에 기마병 3천을 거느리고 평양을 공격하게 하였으나 이기지 못한 채 퇴각

史儒以其軍卒爲先鋒將。祖本以遼左驍將, 往者北虜之戰, 累有
軍功。至是, 大言倭可擒取, 行至嘉山[59]營, 問我人曰: "平壤之賊,
今果屯據否?", 對曰: "賊兵方留突擊無數." 承訓卽於是日夜三
更, 發兵進攻平壤。時大雨, 適至城上無守堞之倭, 先鋒卽馳入七
星門[60]內, 道狹而傍多委巷, 馬不得展足, 而行軍不能成伍。陣勢
急窘束[61], 俄忽之間, 鳥銃聲發, 飛丸如雨下, 史遊擊卽致斃, 軍
馬死者, 亦不知其數。承訓遂退陣, 以餘兵還, 過順安[62]·肅川[63],
夜至安州, 欲前阻江路以備遏, 故其急遽如此。先生謂余往慰其
志, 兼送酒饌。余使辛從事[64], 奉饌後至, 先馳走控江亭[65]。承訓爲
雨所沮, 留已四五日, 卽以先生命, 固挽承訓, 露處野中, 衣甲皆

---

하여 요동으로 되돌아갔다. 그 뒤 12월에 다시 부총병 직위로 이여송 군대와
함께 다시 와서 평양성을 수복한다.

58 義州(의주): 평안북도 북서부에 위치한 고을.

59 嘉山(가산): 평안북도 박천 지역에 위치한 고을.

60 七星門(칠성문): 평안남도 평양의 모란봉에 있는, 고구려 평상성의 내성 북문.
6세기 중엽에 창건되었다.

61 窘束(군속): 매인 듯이 옴짝달싹할 수도 없게 어려움.

62 順安(순안): 평안남도 평원 지역에 위치한 고을.

63 肅川(숙천): 평안남도 평원 지역에 위치한 고을.

64 辛從事(신종사): 辛慶晉(1554~1619)을 가리킴. 본관은 寧越. 자는 用錫, 호는
丫湖. 1591년 병조좌랑으로서 陳奏使 韓應寅의 서장관으로 명나라에 갔다가
이듬해 귀국하였다. 1592년 임진왜란이 일어나자 지평이 되어 왕을 호종, 평양
에 가서 체찰사 柳成龍의 종사관으로 활약하였다. 왜란 후 강릉부사·사간을 거
쳐 이조참의·성주목사·충주목사를 역임하였다.

65 控江亭(공강정): 평안북도 정주목에 있던 정자. 사신들이 자주 올랐다.

沾濕, 斷不可留, 還軍遼東。余還白先生, 先生恐此時, 人心潰撓,
卽以留安州, 待後軍之至, 啓請于行在。

○八月, 聞天兵出來之報。先生預令於三和[66]·龍岡[67]等邑, 急
輸米豆一千六百石, 分置順安·肅川。此等邑民丁, 盡在行陣, 老
弱多竄, 許多之穀, 恐未得及時齊到。從事官辛慶晉, 得疾委痛,
不能奔走檢勅。乃命余往督, 及期竣事而還。

○九月十日, 隨車駕, 至定州, 不數日幸宣川[68], 命先生守定州
營。先生送駕伏路左, 因從延薰樓[69]上望見, 有荷杖, 自四面而來
者, 不知幾許人矣。先生急呼余, 往探之, 卽行觇之, 數雖顆而跡
甚殊常。卽追捕, 懸首於倉街, 其餘賊, 望風解散。由此得全定州
倉穀, 宣川·龍川[70]·鐵山[71]諸邑, 劫倉者亦熄。

○嘉山郡守沈信謙[72], 走馬急來, 所告內, "本郡儲穀頗優, 而官

---

66  三和(삼화): 평안남도 용강 지역에 위치한 고을.
67  龍岡(용강): 평안남도 서남단에 위치한 고을.
68  宣川(선천): 평안북도 북서부에 위치한 고을.
69  延薰樓(연훈루): 평안북도 정주군에 있는 객사. 조선의 태조와 선조가 머물렀던
    곳이다.
70  龍川(용천): 평안북도 북서부에 위치한 고을.
71  鐵山(철산): 평안북도 북서부 해안에 위치한 고을.
72  沈信謙(심신겸, 1542~1596): 본관은 靑松. 明宗의 왕비 仁順王后 沈氏의 동생
    이고 병조판서 沈義謙의 동생이다. 부평부사를 지냈다.

廳有白米一千石, 以此欲餉天兵, 今已不幸, 事至於此。願少留鎭
撫, 賊不敢犯, 民不能動矣。"時信謙不能令其下, 獨先生所帶軍
官五六人, 所收潰卒二十餘人矣。信謙欲藉此自護故云。先生以
無上命, 不敢擅留, 遂別行。至曉星嶺[73], 回望嘉山, 郡中已亂。信
謙, 果失倉穀而逃。


○時久不雨, 江灘日縮, 上命宰臣[74], 禱雨於檀君 · 箕子 · 東明王
廟, 終不雨。先生謂尹相曰: "此處, 水深無船, 賊不可渡, 探其水
上淺灘處, 先使防備, 如何?"尹相曰: "彼李潤德[75]之輩, 難可倚
仗[76], 獨李元翼[77]可任, 然難獨任, 以黃貴成[78]兼送, 如何?"因命余

---

73 曉星嶺(효성령): 평안북도 운전군 가산리의 서쪽에 있는 고개. 샛별령, 새비령
   이라고도 한다.
74 宰臣(재신): 宰相. 임금을 보좌하며 모든 관원을 지휘하고 감독하는 일을 맡은
   이품 이상의 벼슬이나 그런 자리에 있는 사람을 통틀어 이르던 말.
75 李潤德(이윤덕, 1529~1611): 본관은 廣州, 자는 得夫. 무과에 급제하고 宣傳官
   을 거쳐 전라도병마절도사를 지냈으며, 1564년 함경도병마절도사에 제수되었
   다. 이어 경상도와 평안도의 병마절도사를 역임하고 訓練院都正, 1592년 임진
   왜란 때 關西副元帥 등을 지냈으며, 1594년 同知敦寧府事에 이르렀다.
76 倚仗(의장): 의지하고 믿음.
77 李元翼(이원익, 1547~1634): 본관은 全州, 자는 公勵, 호는 梧里. 1592년 임진
   왜란이 발발하자 이조판서로서 평안도도순찰사의 직무를 띠고 먼저 평안도로
   향했고, 宣祖도 평양으로 파천했으나 평양마저 위태롭자 영변으로 옮겼다. 이때
   평양 수비군이 겨우 3,000여 명으로서, 당시 총사령관 金命元의 군통솔이 잘
   안되고 군기가 문란함을 보고, 먼저 당하에 내려가 김명원을 元帥의 예로 대해
   군의 질서를 확립하였다. 평양이 함락되자 정주로 가서 군졸을 모집하고, 관찰
   사 겸 순찰사가 되어 왜병 토벌에 전공을 세웠다. 1593년 정월 李如松과 합세해
   평양을 탈환한 공로로 崇政大夫에 가자되었고, 선조가 환도한 뒤에도 평양에

守灘, 與從事洪宗祿<sup>79</sup>等十餘人, 同出城, 向博川<sup>80</sup>。行在繼援將<sup>81</sup>
李幼澄<sup>82</sup>, 以平壤近賊藪, 有辭職之意, 先生明責其不然。先生以

---

남아서 군병을 관리하였다. 1595년 우의정 겸 4도체찰사로 임명되었으나, 주로
영남체찰사영에서 일하였다. 이때 명나라의 丁應泰가 經理 楊鎬를 중상모략한
사건이 발생해 조정에서 명나라에 보낼 陳奏辨誣使를 인선하자, 당시 영의정
유성룡에게 "내 비록 노쇠했으나 아직도 갈 수는 있다. 다만 학식이나 언변은
기대하지 말라." 하고 자원하였다. 그러나 정응태의 방해로 소임을 완수하지 못
하고 귀국하였다.

78 黃貴成(황귀성, 1548~1605): 본관은 平海, 자는 致章, 호는 晩休. 1572년 무과
에 급제하였다. 임진왜란·정유재란 때 유성룡의 막하에 있으면서 평양·정주·
구성 등지에서 국난 평정에 공을 세웠다. 특히 明軍의 임진강 도하작전의 공로
로 定略將軍의 품계에 올랐다. 만년에는 고향인 益陽(영양의 이명)에서 晩休堂
을 세워 후진 양성에 매진하였다.

79 洪宗祿(홍종록, 1546~1593): 본관은 南陽, 자는 延吉, 호는 柳村. 1567년 사마
시에 합격하고, 1572년 별시문과에 급제한 뒤 예문관검열이 되었다. 이어 三司
의 여러 관직을 거쳐, 1583년 병조정랑이 되었다. 1592년 임진왜란이 일어나자
이조정랑 辛慶晉과 함께 도체찰사 柳成龍의 종사관으로 각 진영의 연락과 군수
품 공급의 일을 맡았다. 같은 해 곽산에서 구성으로 들어가 그곳 관민의 협조를
얻어 많은 양곡을 정주·가산 등지로 수운하여 군량공급에 크게 공헌하였다. 뒤
에 황해도암행어사·調度使를 거쳐, 직제학에 이르렀다.

80 博川(박천): 평안남도의 남부에 위치한 고을.

81 繼援將(계원장): 전란이 났을 때 군량과 軍械를 수송, 조달하고 격문 작성을
담당한 무관.

82 李幼澄(이유징, 1562~1593): 본관은 全州, 자는 澄源. 1592년 임진왜란이 일
어나자 체찰사 崔興源의 종사관으로 황해도 지방에 파견되었다. 서울이 위태롭
다는 급보를 듣고 달려와 선조를 서울 근교 沙峴에서 만나, 그 뒤 의주까지 호종
해 공신으로 책록되었다. 왜적을 피해 북상하던 중 광해군이 함경도로 가게 되었
을 때 수천의 백관과 衛卒의 대오를 편성해 혼란 없이 가게 하였다. 선조가 의주
에 머물러 명나라에 원병을 청할 때 李恒福 막하에서 계책을 세워 평양 탈환에
큰 공을 세웠다. 1593년 의주목사 겸 병마절제사가 되어 장졸을 통어하는 한편,
장정 3인 이상을 가진 사람에게 2인을 취업하게 하니 민심이 크게 안정되었다.

唐將迎接次, 將向嘉山, 至大定江[83]邊, 望廣禮院[84], 野有散卒, 連
續不絶而來。先生疑平壤陷沒, 命余往追探之。卽以單騎馳行, 至
廣通院二里餘, 適逢落後者十餘人, 詰其所從來, 乃義州・龍川等
邑軍, 赴平壤守灘者也。聞厥所傳, 則賊從王城灘[85], 兵使李潤德
遁去云, 自不覺驚愕矣。卽馳馬回報先生, 先生曰: "或傳者誤耶?
更探以來." 余卽回馬, 直抵大同江岸, 果如傳言。先生大驚, 卽時
寫狀, 顧余曰: "此狀與他狀有異, 君其往無留滯, 急報行在以來."
卽與軍官崔允元, 急時發向博川。是時, 天兵餉糧, 恐艱乏。先生
將向郭山[86], 至其山城下, 有一岐路當前, 先生問余, 曰: "向來郭
山, 遵大路往來? 今日之行, 日急如此, 故從間路直行, 不意遽當
岐路, 吾不知從此向何處乎?" 對曰: "鄙生前日往來, 每由此路, 從
左則直抵郭山, 從右則乃到龜城[87], 不遠也." 先生卽馳馬, 謂余,
曰: "曾聞龜城儲穀頗優, 而吏民離散, 故輸運無路云, 君與洪宗祿
幷往。宗祿曾謫居龜城, 已協民心, 以君之勇略, 加彼之忠實, 招
諭散民, 輸致倉穀, 固不難也。十分愼處爲之也." 卽時拜謝而行,
宗祿臨發似有慨然, 不豫之色, 余謂曰: "爲謫邑而再作是擧, 故有
此等氣像耶? 已收敍爲司饔職, 更何慨然耶?" 遂與宗祿, 巡行山

---

그러나 과로로 죽었다.

83  大定江(대정강): 평안남도 박천군에 있는 강. 大寧江 또는 博川江으로도 불린다.

84  廣禮院(광례원): 廣通院. 평안남도 가산과 박천 사이에 있었던 院.

85  王城灘(왕성탄): 평안남도 평양의 대동강 능라도 위쪽에 있는 여울.

86  郭山(곽산): 평안북도 남부 해안에 위치한 고을.

87  龜城(구성): 평안북도 중앙에 위치한 고을.

谷, 以諭曰:"方今賊兵已入平壤, 天兵方到定州, 平復之路, 可指
日以期, 而但所急者, 犒粮也。本邑儲峙[88], 果如所聞, 而輸運無
路, 汝等亦王民也, 當危急之時, 竄伏回避, 義不忍也。自今無論
品官·人民·吏胥, 同心戮力[89], 斯速輸致于定州·嘉山。果如吾諭
則卽啓行在, 後有褒賞."有一人從林木間, 來問曰:"將軍, 自行在
邑而來乎? 賊兵果屯平壤, 天兵亦果到定州耶?"曰:"然."俄而,
繼尾而至者, 不知其數。於是, 發倉穀以給, 擔負者, 縷續不絶。先
生賀余曰:"此邑支供[90], 賴君之力."

○十一月, 冬寒轉深, 先生深慮, 財力益竭, 軍卒疲頓, 回復之
期, 將致緩晩, 晝夜燋思, 命余馳往江上, 侯天兵消息。

○時賊兵已犯入咸鏡道者, 亦甚衆多, 王子[91]亦陷賊中, 侍臣[92]

---

88  儲峙(저치): 비축하는 것을 말함.
89  戮力(육력): 힘을 합함.
90  支供(지공): 각 고을에서 사신이나 감사, 수령 등을 접대하는데 필요한 물품을
    제공하는 것.
91  王子(왕자): 臨海君(1574~1609)과 順和君(?~1607)을 가리킴. 임해군은 宣祖
    의 맏아들 珒으로 임진왜란 때 왜군의 포로가 되었다가 석방되었다. 광해군 즉위
    후 유배되었다가 죽었다. 한편, 순화군은 宣祖의 여섯째아들로 부인은 승지 黃
    赫의 딸이다. 임진왜란이 일어나자 왕의 명을 받아 黃廷彧·황혁 등을 인솔하고
    勤王兵을 모병하기 위해서 강원도에 파견되었다. 같은 해 5월 왜군이 북상하자
    이를 피하여 함경도로 들어가 미리 함경도에 파견되어 있던 臨海君을 만나 함께
    會寧에서 주둔하였는데, 왕자임을 내세워 행패를 부리다가 함경도민의 반감을
    샀다. 마침 왜군이 함경도에 침입하자 회령에 위배되어 향리로 있던 鞠景仁과

그 친족 鞠世弼 등 일당에 의해 임해군 및 여러 호종관리들과 함께 체포되어 왜군에게 넘겨져 포로가 되었다. 이후 안변을 거쳐 이듬해 밀양으로 옮겨지고 부산 多大浦 앞바다의 배 안에 구금되어 일본으로 보내지려 할 때, 명나라의 사신 沈惟敬과 왜장 小西行長과의 사이에 화의가 성립되어 1593년 8월 풀려났다. 성격이 나빠 사람을 함부로 죽이고 재물을 약탈하는 등 불법을 저질러 兩司의 탄핵을 받았고, 1601년에는 순화군의 君號까지 박탈당하였으나 사후에 복구되었다.

92  侍臣(시신): 金貴榮(1520~1593)·黃廷彧(1532~1607)·黃赫(1551~1612)을 가리킴. 金貴榮의 본관은 尙州, 자는 顯卿, 호는 東園이다. 1555년 을묘왜변이 일어나자 이조좌랑으로 도순찰사 李浚慶의 종사관이 되어 光州에 파견되었다가 돌아와 이조정랑이 되었다. 1556년 議政府檢詳, 1558년 弘文館典翰 등을 거쳐, 그 뒤 漢城府右尹·춘천부사를 지냈고, 대사간·대사헌·부제학 등을 번갈아 역임하였다. 선조 즉위 후 도승지·예조판서를 역임하고, 병조판서로서 지춘추관사를 겸하였으며, 1581년 우의정에 올랐고, 1583년 좌의정이 되었다가 곧 물러나 知中樞府事가 되었다. 1589년에 平難功臣에 녹훈되고 上洛府院君에 봉해진 뒤 耆老所에 들어갔으나, 趙憲의 탄핵으로 사직했다. 1592년 임진왜란이 일어나 천도 논의가 있자, 이에 반대하면서 서울을 지켜 명나라의 원조를 기다리자고 주장하였다. 결국 천도가 결정되자 尹卓然과 함께 臨海君을 모시고 함경도로 피난했다가, 회령에서 鞠景仁의 반란으로 임해군·順和君과 함께 왜장 加藤淸正의 포로가 되었다. 이에 임해군을 보호하지 못한 책임으로 관직을 삭탈당했다. 이어 다시 加藤淸正의 강요에 의해 강화를 요구하는 글을 받기 위해 풀려나 行在所에 갔다가, 사헌부·사간원의 탄핵으로 推鞫당해 회천으로 유배가던 중 중도에서 죽었다. 한편, 黃廷彧의 본관은 長水, 자는 景文, 호는 芝川이다. 1592년 임진왜란이 일어나자 號召使가 되어 왕자 順和君을 陪從, 강원도에서 의병을 모으는 격문을 8도에 돌렸고, 왜군의 진격으로 會寧에 들어갔다가 모반자 鞠景仁에 의해 임해군·순화군 두 왕자와 함께 安邊 토굴에 감금되었다. 이때 왜장 加藤淸正으로부터 선조에게 항복 권유의 상소문을 쓰라고 강요받고 이를 거부하였으나, 왕자를 죽인다는 위협에 아들 赫이 대필하였다. 이에 그는 항복을 권유하는 내용이 거짓임을 밝히는 또 한 장의 글을 썼으나, 體察使의 농간으로 아들의 글만이 보내져 뜻을 이루지 못하고 이듬해 부산에서 풀려나온 뒤 앞서의 항복 권유문 때문에 東人들의 탄핵을 받고 吉州에 유배되고, 1597년 석방되었으나 復官되지 못한 채 죽었다. 또 한편, 黃赫의 본관은 長水, 자는 晦之,

及該監司柳永立[93]·該兵使韓克諴[94]等，皆被執云。報草自行在，
至于各營，莫不落膽失色。先生私自，親往探賊，適是時有倭學通
使咸廷虎者，來謁先生，詳陳北道事機。行長[95]·清正[96]，分道而

---

호는 獨石이다. 순화군의 장인이다. 임진왜란이 일어나자 護軍에 기용되어 부
친 廷彧과 함께 사위인 順和君을 따라 강원도를 거쳐 會寧에 이르러, 모반자
鞠景仁에게 잡혀 왜군에게 인질로 넘겨졌다. 安邊의 토굴에 감금 중 적장 加藤
淸正으로부터 선조에게 항복 권유문을 올리라는 강요에 못 이겨 부친을 대신하
여 썼다. 이를 안 정욱이 본의가 아니며 내용이 거짓임을 밝힌 별도의 글을 올렸
으나 체찰사가 가로채 전달되지 않았다. 1593년 부산에서 왕자들과 함께 송환된
후 앞서의 항복 권유문으로 東人에 의해 탄핵, 理山에 유배되었다가 다시 信川
에 이배되었다.

93　柳永立(류영립, 1537~1599): 본관은 全州, 자는 立之. 1582년 종성부사가 되었
　　다. 이듬해 尼蕩介의 난으로 1만여 명의 야인이 침입하자, 우후 張義賢, 판관
　　元喜 등과 이를 막으려 하였으나 성이 함락되었고, 그 책임으로 하옥되었다.
　　곧 풀려나 승지·개성유수를 거쳐 1586년 경상도관찰사, 1588년 전라도관찰사,
　　1591년 함경도관찰사를 역임하고 이듬해 강원도관찰사가 되었다. 이때 임진왜
　　란이 일어나자 산 속으로 피신하였다가 加藤淸正 휘하의 왜군에게 포로가 되었
　　다. 뇌물로 매[鷹]를 바치고 탈출하였으나, 국위를 손상시켰다는 이유로 대간의
　　탄핵을 받고 파직 당하였다.

94　韓克諴(한극함, ?~1593): 慶源府使를 거쳐, 1592년 임진왜란 때 함경북도병마
　　절도사로 海汀倉에서 加藤淸正의 군사와 싸운 인물. 이때 전세가 불리하자 臨
　　海君과 順和君 두 왕자를 놓아둔 채 단신으로 오랑캐마을 西水羅로 도주하였
　　다가, 도리어 그들에게 붙들려 경원부로 호송, 가토의 포로가 되었다. 앞서 포로가
　　된 두 왕자 및 그들을 호행하였던 대신 金貴榮·黃廷彧등과 다시 안변으로 호송
　　되었다가 이듬해 4월 일본군이 서울을 철수할 때 허술한 틈을 타서 단신으로
　　탈출, 高彦伯의 軍陣으로 돌아왔으나 처형당하였다.

95　行長(행장): 小西行長(고니시 유카나가). 도요토미 히데요시의 가신으로 1592
　　년 임진왜란 당시 왜군 선봉장이었던 무장이다.

96　淸正(청정): 加藤淸正(가토 기요마사). 도요토미 히데요시 막하에서 무사로
　　1592년 임진왜란 당시 왜군의 선봉장이었다. 일본군의 동군을 이끌고 함경도까

發, 行長向平壤, 而淸正入咸鏡道。先生因命余。〈此下缺〉。永立
等, 皆脫身還行在, 果如所傳, 衆莫不驚愕矣。


○十二月, 天朝大發兵, 以提督李如松[97]爲大將, 率三營將張世
爵[98] · 楊元[99] · 李如柏[100]及南將駱尙志[101] · 吳惟忠[102] · 王必迪[103]等,

---

지 진격하여 임해군과 순화군을 사로잡았다.

97 李如松(이여송, 1549~1598): 명나라 장수. 임진왜란 때 防海禦倭總兵官으로
서 명나라 구원군 4만 3천 명을 이끌고 동생 李如柏과 왔다.

98 張世爵(장세작): 임진왜란 당시 명나라 군의 副摠兵. 평양성 전투에서 크게 활
약해서 평양 회복에 주도적인 역할을 했던 장수였다.

99 楊元(양원): 임진왜란 당시 명나라 군의 副摠兵. 평양성 전투에 참전해 평양
회복에 주도적인 역할을 했다. 하지만 1597년 南原城 전투에서 크게 패배해 인
솔하고 있던 병력 대부분과 여러 장수를 잃었다. 패전의 책임 때문에 탄핵되어
관직을 잃고 본국으로 소환되었고, 이후 사형에 처해졌다.

100 李如柏(이여백, 1553~1620): 임진왜란 당시 명나라 군의 副摠兵. 李成梁의 아
들이자 이여송의 동생이다. 벽제관 전투에서 크게 활약하였으나, 1619년 사르후
전투에서 누르하치가 이끄는 후금에 대패하여 자결하였다.

101 駱尙志(낙상지): 명나라 장수. 1592년 임진왜란이 일어나자 이여송 휘하의 參將
이 되어 조선의 원군으로 출정했으며, 남병을 이끌고 제4차 평양성 전투에 참가
해 평양성을 공격했다. 조선의 李鎰, 金應瑞 등과 함께 평양성의 함구문을 공격
해 긴 창을 휘두르면서 적이 던진 큰 돌을 발에 맞아 다쳤음에도 평양성의 성벽
에 가장 먼저 오르는 용맹을 선보였다. 1593년에는 오유충, 마우경과 함께 경주
에서 수십 명을 죽였지만 일본군이 칼을 휘둘러 돌진하자 당해내지 못하고 후퇴
했으며, 냇물을 건너가다 후방에서 공격을 받아 200여 명이 죽는 피해를 입었다.
1594년에 사대수와 함께 군사를 이끌고 물러나면서 류성룡, 이덕형 등에게 여러
가지 조언을 했는데, 일본인이 조공 바치는 일을 허락받아도 반드시 곧 물러가지
않을 것이며, 강화가 이루어지지 않으면 전라도를 침범할 것이라 경계했다.

102 吳惟忠(오유충): 명나라 장수. 1592년 임진왜란 때 조선에 파병된 우군 유격장
군으로, 제4차 평양 전투에서 부총병으로 활약하였으며, 정유재란에는 충주를

渡江, 兵數至四萬餘。先是, 經略宋應昌[104], 贊畫劉黃裳[105]·袁黃[106], 駐節[107]遼東, 合軍渡江, 十三日至安州。時提督在東軒, 先生將入謁論事。余亦陪其後, 先生袖平壤地圖以進。

○癸巳正月, 天兵已到肅川, 先生隨其後。提督使副總兵查大受[108], 往順安[109], 紿倭奴, 天朝今已許和, 沈遊擊[110]且至, 倭喜,

---

지키는 임무를 맡았다.

103 王必迪(왕필적): 명나라 장수. 1592년 임진왜란 때 副總兵으로 李如松을 따라 참전하여 활약하였다.

104 宋應昌(송응창, 1536~1606): 명나라 장수. 임진왜란 당시 1592년 12월 명군의 지휘부, 경략군문 병부시랑으로 부하인 제독 李如松과 함께 43,000명의 명나라 2차 원군의 총사령관으로 참전하였다. 그리고 조선의 金景瑞와 함께 제4차 평양 전투에서 평양성을 탈환한다. 그러나 이여송이 벽제관 전투에서 대패하자 명나라 요동으로 이동, 형식상으로 지휘를 하였다. 이후 육군과 수군에게 전쟁 물자를 지원해 주었고 전쟁 후 병이 들어 70세의 나이로 병사하였다.

105 劉黃裳(유황상): 임진왜란 당시 조선으로 파견되어 참모 역할을 수행한 명나라 관리. 武庫淸吏司員外郞으로서 主事 袁黃과 함께 찬획으로 파견되어 참모 역할 등을 수행했다.

106 袁黃(원황): 명나라 관리. 1592년 임진왜란 당시 經略 宋應昌의 군대를 도왔다. 天文과 術數, 의학, 水利 등에 능통했다.

107 駐節(주절): 외지에 머물러 있으면서 공무를 처리함.

108 査大受(사대수): 명나라 장수. 1592년 임진왜란 당시 李如松을 따라 先鋒副總兵으로 임명되어 조선에 파견되었다. 平壤城 전투에 참여했고, 선봉대를 지휘하면서 정탐 관련 임무를 수행하는 등의 많은 전공을 세웠다. 명군의 장수들 중에서 駱尙志·李芳春과 함께 뛰어난 무예와 용맹으로 유명했다. 이들은 모두 遼東지역 출신으로 원래 李成樑의 家人이었다. 따라서 이여송의 측근으로 활동했다.

109 順安(순안): 평안남도 평원 지역에 위치한 고을.

使小將平好官[111], 率餘衆, 出迎沈遊擊。總兵誘與許飲, 因縱擊擒
平好官。自後, 倭知兵至大, 相擾亂。提督方日昃, 彎弓鳴弦[112],
直馳入順安, 諸營連續追進。翌日朝, 進圍平壤, 先攻普通[113]·七
星門[114], 以大砲·火箭發之聲, 動天地。余卽馳告駱尙志·吳惟忠,
合率以進兵。倭不能支, 走入內城中, 以銃丸亂發壁穴間。由是,
我軍及天兵, 多被傷者。余急走告提督, 曰:"賊兵潰散, 餘存者,
旣入內城, 是所謂陷穽之虎, 勢似盡劉。而竊念窮寇致死, 機不可
測, 兵可少退, 城外以開走路, 如何?"提督從之, 倭果夜遁。李提

---

110 沈遊擊(심유격): 沈惟敬을 가리킴. 1592년 임진왜란 당시 명나라에서 파견된
  사신. 祖承訓이 명나라 援軍을 이끌고 조선에 들어올 때 遊擊將軍으로 임명되어
  함께 왔다. 1592년 고니시[小西行長]와 講和를 의논했는데 이때 고니시가 제의한
  7개조의 조건을 가지고 명나라에 가서 대신을 속이고 조정의 승인을 얻어 이듬해
  일본에 가려고 했으나 실패하였다. 그러나 1593년 碧蹄館에서 명나라가 패하자
  다시 그를 보내어 화의를 청하게 하니 그는 謝用梓·徐一貫을 데리고 나고야[名古
  屋]에 가서 도요토미[豊臣秀吉]와 회담, 차후에 다시 양국간의 회담을 일본에서
  열 것을 결정하고 귀국하였다. 이리하여 명나라는 1596년 李宗城·楊方亨을 일본
  에 보내도록 결정하자 심유경은 釜山에서 이종성을 위협, 스스로 副使가 되어
  일본에 건너갔으나 화의는 결렬되었다. 심유경은 귀국하여 거짓으로 화의 성립을
  아뢰고 도요토미가 受封을 인정하였다고 조정을 기만하였다. 정유재란으로 사실
  이 탄로되었으나 石星의 도움으로 화를 입지 않고 다시 조선에 들어와 화의를
  교섭하다가 실패하였다. 이에 심유경은 일본에 항복할 목적으로 경상도 宜寧까지
  갔으나 명나라 장수 楊元에게 체포되어 사형 당하였다.
111 平好官(평호관): 고니시 유키나가의 휘하에서 평호관의 직책에 있었던 장수 竹
  內吉兵衛 다케노우치 기치베를 지칭함.
112 彎弓鳴弦(만궁명현): 화살을 쏨으로써 활에서 시위소리가 나는 것. 즉 군대에
  진격하라는 신호를 하는 것이다.
113 普通(보통): 普通門. 평양성 중성의 서문.
114 七星門(칠성문): 평양성 내성의 북문.

督, 彈劍鳴鼓, 直上鍊光亭, 先生及諸軍帥隨其後, 設宴陳樂, 至夜三更。風旝[115]正動, 月色方明, 諸軍帥次第奏凱。提督, 辭以未盡, 討平不許。時命余干涉守灘軍, 夜深行過江渚, 適發杜甫行劍外[116]之懷感, 題一絶寫, 呈先生, 先生微笑曰: "此時詩興, 誠不偶然。古所謂壯士而詩人, 於君得見矣."

○提督, 進至坡州[117], 與賊戰于碧蹄驛南阡頭, 旋屯于開城府。先是, 提督欲追賊兵, 謂先生, 曰: "吾方進軍, 而聞前路無粮穀·藁草云, 極爲憂慮。爲國事不憚勞, 惟在議政一人, 可促行備待, 無有窘束." 先生卽辭而出。余亦從後, 提督呼余, 謂曰: "此去京城不滿二百里, 而賊兵旣敗於平壤, 退屯各處者, 其數難算。又聞我之進, 必是要路隱伏, 以設馬陵之機[118], 君其先我候探, 與議政

---

115 旝(괴): 깃발. 흰 비단[通帛]으로 만드는데, 이 깃발이 펄럭이는 것을 보면 북을 울리며 진군한다.

116 劍外(검외): 劍閣城 이남의 蜀땅. 杜甫의 詩인 〈恨別〉의 "낙양성을 한번 떠나오니 4천리 밖에 머물고 / 안사지란 폭도와 지긋지긋한 전란이 오륙년 째라네. 초목은 시들어 가는 이때 검각성 남쪽으로 가려는데 / 병사들이 창으로 막으니 강변에서 늙어만 간다네.(洛城一別四千里, 胡騎長驅五六年. 草木變衰行劍外, 兵戈阻絶老江邊.)"에서 나오는 구절.

117 坡州(파주): 경기도 북서부에 위치한 고을.

118 馬陵之機(마릉지기): 齊나라의 軍師 孫臏이 趙나라를 구원하기 위해 魏나라로 쳐들어가면서 馬陵에 이르러 나무를 깎아 하얀 면이 드러나게 한 다음 그 나무에 "龐涓이 이 나무 밑에서 죽을 것이다."라는 글을 써 놓고 좌우에 弓弩手를 매복시켜 두었는데, 제나라가 위나라로 쳐들어왔다는 소식을 들은 위나라의 장군 방연은 조나라 공격을 포기하고 급히 위로 달려와 저물녘에 마릉에 당도하여 나무에 글이 쓰여 있는 것을 보고 불을 비추어 읽으려 하는데 채 읽기도 전에

126 만휴 황귀성 난중기사

詳察, 日以馳報。時大同江南, 天兵先鋒已發, 槍戟塞路, 固不可
行。陪先生, 從間路疾馳, 夜入中和, 轉至黃州[119], 所經驛舍, 皆
空虛, 城邑亦甚蕭條。進退之間, 計難得當, 遂命余移文于黃海監
司柳永慶[120], 使催運粮草, 自海營又轉移文於平安監司李元翼,
趁卽調發金應瑞[121]軍不堪戰者, 自平壤負戴而至黃州, 又令各邑
儲峙, 自相輸致, 船運而至, 未嘗闕乏。余自海營還, 至黃州留所,
卽馳報提督曰: "小將奉命至黃州, 姑未趁期牒報者, 非誠意之不
足。黃州之穀已失, 於賊兵之來往留屯, 調發各邑之儲粟, 輸致於

---

매복한 궁노수들의 기습을 받아 敗死한 데서 나온 말.

119 黃州(황주): 황해도 중북부에 위치한 고을.

120 柳永慶(류영경, 1550~1608): 본관은 全州, 자는 善餘, 호는 春湖. 1592년 임진
왜란 때는 사간으로서 招諭御史가 되어 많은 土兵을 모집하는 활약을 보였으며,
1593년 황해도순찰사가 되어 해주에서 왜적을 맞아 공을 세워 호조참의에 올랐
다. 1594년 황해도관찰사를 지내고, 1597년 정유재란 때 중추부지사로서 가족
을 먼저 피란시켜 처벌되었다가 이듬해 병조참판이 되었다.

121 金應瑞(김응서, 1564~1624): 金景瑞의 초명. 본관은 金海, 자는 聖甫. 일찍이
무과에 급제, 1588년 監察이 되었으나 집안이 미천한 탓으로 파직되었다가,
1592년 임진왜란이 일어나자 다시 기용되었다. 그해 8월 助防將으로 평양 공략
에 나섰으며, 싸움에서 여러 차례 공을 세워 평안도방어사에 승진되었다.1593년
1월 명나라 李如松의 원군과 함께 평양성 탈환에 공을 세운 뒤, 전라도병마절도
사가 되어 도원수 權慄의 지시로 남원 등지에서 날뛰는 토적을 소탕하였다.1595
년 경상우도병마절도사가 되었을 때, 선조가 임진왜란이 일어난 지 이틀 만에
동래부에서 장렬하게 전사한 宋象賢의 관을 적진에서 찾아오라고 하자 그 집
사람을 시켜 일을 성사시켰다. 또한, 李弘發을 부산에 잠입시켜 적의 정황을
살피게 하고, 일본 간첩 요시라[要時羅]를 매수해 정보를 수집하기도 하였다.
1597년 도원수 권율로부터 의령의 南山城을 수비하라는 명을 받았지만 불복해
강등되었다.

大軍之前到邑, 今纔旋歸奉命。時探問賊兵屯事, 聞於開城人來
者, 所經村邑無賊兵屯結[122]之患, 而自坡湍[123]以東, 賊兵尙此屯
聚云云。此非小將之目擊, 姑不可專信, 而想其勢已挫於平壤
戰敗之後, 豈敢拒塞於天兵長驅之路, 偃然[124]結陣於近地列邑也
哉? 但一嶺間在路右, 而地勢險阻, 林木邃密, 雖千萬之衆, 可容
隱伏, 不能遙度, 故使人覘其有無, 幸無一倭隱伏之患。龍川以
東, 開城以西, 雖鳴鼓徐行, 不足慮也." 牒報提督, 進兵于開城
府。當是時, 倭將淸正, 據于咸鏡道, 惟玄蘇[125] · 平行長 · 平義
智[126]等, 遁散各處。而在京之賊, 聞平壤之報, 憤不得其情, 殺掠
京城之民, 燒盡公私廬舍。而江西列屯之賊, 咸萃于京師, 謀拒天
兵之來路, 自沙峴以北, 屯壁相接, 牢不能犯云。時提督, 自開城
入後, 遽有遲回之意, 累日不發, 重違我先生懇囑, 進至坡州, 有
此碧蹄之敗。噫! 勝敗兵家常事, 豈無彼升此除之理耶? 今日之
不幸, 抑有所不然者。當是時也, 肅將天威[127], 輕敵之心, 發於連

---

122 屯結(둔결): 集結. 둔침. 여러 사람이 한곳에 떼 지어 머무름.

123 坡湍(파단): 坡州와 長湍. 장단은 경기도 서북부에 위치한 고을로, 동쪽은 연천
   군, 서쪽은 개풍군, 남쪽은 파주군, 북쪽은 황해도 금천군과 접하고 있다.

124 偃然(언연): 거드름을 피우고 거만스러움.

125 玄蘇(현소): 일본 戰國時代부터 江戶時代 전기에 살았던 임제종 幻住派의 선승.
   조일 외교업무에 종사하였던 對馬藩의 外交僧이다. 임진왜란 이후 조일 국교회
   복과 己酉約條 체결의 공로로 조선으로부터 1609년 受圖書人으로 칭해졌다.

126 平義智(평의지): 소 요시토시. 일본 쓰시마 섬[對馬島] 제18대 島主. 1579년
   형 소 요시즌(宗義純)으로부터 도주 자리를 물려 받았다.

127 肅將天威(숙장천위):《書經》〈泰誓〉의 "무왕이 말씀하기를, '황천이 진노하시어

捷之後, 眼無一個全倭, 留置其大軍, 獨與家丁[128]善射者千餘馳
赴。我將高彦伯[129]·副將查大受, 竟以後軍之未至, 致死傷甚衆,
可勝痛哉。

○提督遂還坡州, 至夜深, 以家丁親信者死痛哭, 神氣亦大有
不豫色。至翌日朝, 卒發退軍東坡之令。先生及右議政兪泓[130], 力

---

우리 문고에게 명해서 하늘의 위엄을 엄숙히 받들게 하셨는데, 큰 공을 완성하지
못했다.(皇天震怒, 命我文考, 肅將天威, 大勳未集。)'라고 하였다。"는 구절에서
나온 말.

128 家丁(가정): 집에서 부리는 남자 일꾼을 이르던 말. 여기서는 家兵으로 쓰여,
특정한 개인이 양성하여 사사로운 목적으로 부리는 병사를 일컫는다.

129 高彦伯(고언백, ?~1609): 본관은 濟州, 자는 國弼. 임진왜란이 일어나자 寧遠
郡守로서 대동강 등지에서 적을 방어하다가 패하였으나 그 해 9월 왜병을 산간
으로 유인하여 62명의 목을 베는 승리를 거두었다. 이어 1593년 양주에서 왜병
42명을 참살한 공으로 楊州牧使가 되었다. 利川에서 적군을 격파하고 京畿道
防禦使가 되어 내원한 명나라 군사를 도와 서울 탈환에 공을 세웠고, 이어 경상
좌도 병마절도사로 승진하여 양주·울산 등지에서 전공을 세웠다. 1597년 정유
재란 때 다시 경기도방어사가 되어 참전하였다. 1609년 광해군이 임해군을 제거
할 때 함께 살해되었다.

130 兪泓(유홍, 1524~1594): 본관은 杞溪, 자는 止叔, 호는 松塘. 1553년 별시 문
과에 급제, 승문원 정자·典籍·지제교·持平·掌令·집의 등 문관 요직을 역임하
였다. 1557년 강원도 암행어사로 나가 민심을 수습하고, 1563년 권신 李樑의
횡포를 탄핵하였다. 이듬해 試官으로 李珥를 뽑았으며, 1565년 文定王后 상사
때에는 山陵都監으로 치산의 일을 맡았고, 춘천부사가 되어서는 선정을 베풀어
선정비가 세워졌다. 1573년 함경도병마절도사로 회령부사를 겸했고, 그 뒤 개성
부유수를 거쳐 충청·전라·경상·함경·평안도의 관찰사와 한성판윤 등을 역임
했다. 1587년 명나라에 사신으로 가서 이성계가 고려의 권신 李仁任의 아들로
잘못된 것을 바로잡았으며, 1589년 좌찬성으로서 판의금부사를 겸해 鄭汝立의
逆獄을 다스렸다. 1592년 임진왜란 때 선조를 호종했고, 평양에서 세자(뒤의

爭其無退, 提督終不回惑[131]. 元帥金命元及余, 乘間以白曰: "首
相之力爭, 義固然矣. 豈可遽動天兵以助敵氣乎? 且勝敗常事,
願提督垂察焉." 提督默然良久, 姑爲徐答曰: "吾之退屯東坡者,
將休吾軍, 以進爲計耳." 是日, 三營[132]一時, 還到臨津, 屯于東
坡, 又翌日, 欲轉退開城. 先生泣血固爭[133], 終不肯, 旣而跨馬,
遂還開城, 使總兵張世爵召先生論兵事. 時先生在坡州, 遊擊將
周弘謨[134]將入倭營, 旗牌[135]而來, 使諸臣及先生請入參拜, 先生
獨不應, 走馬還東坡. 弘謨言狀, 提督大怒, 使三騎急追從者, 皆
落後. 獨余及金霽·辛慶晉隨之, 過至青郊驛[136], 提督將欲挐致先
生, 適因李慶之實告, 卽止.

---

○先生命金敬老[137], 與高彦伯·李時言[138]等, 追截京城之賊, 託以無軍, 徘徊不前, 體府決杖, 督令前進, 方在坡州等處, 尙復逗遛, 命余促來。

○三月七日, 在東坡。忠淸義兵將李山謙[139], 來到開城, 見唐人言 : "先擊南路, 則京城之賊, 自潰。"唐人告于參將, 參將招山謙問計, 貽書於先生。先生答書, 極贊其策之妙, 卽命余率軍人十

---

137 金敬老(김경로, ?~1597): 본관은 慶州, 자는 惺叔. 1587년 경성판관이 되어 두만강변 야인을 소탕하는 데 전공을 세웠다. 1592년 임진왜란이 일어나자 김해 부사로 경상도관찰사 金睟의 막하에서 군사의 규합, 군량조달 등에 노력하였다. 이듬해 황해도방어사가 되어 평양방어사 李時言과 더불어 평양으로부터 후퇴하는 왜장 고니시 유키나가[小西行長]의 퇴로를 막고 격전을 벌였고, 관찰사 柳永慶의 명에 따라 해주의 방어를 맡았으며, 1594년 첨지중추부사로서 도원수 權慄의 막하에서 전라도 방어를 맡았다. 1597년 정유재란이 일어나자 왜적이 사천·고성 등지로 상륙하여 남원을 포위하자 助防將으로 전주에 있던 김경로는 병마절도사 李福男과 함께 결사대를 조직, 남원으로 들어가 방어사 吳應井, 구례현감 李元春과 함께 명나라의 副總兵 楊元을 도와 왜적과 싸우다 성이 함락되자 진지에서 전사하였다.

138 李時言(이시언, 1579~1624): 무신. 1592년 임진왜란 중 황해도좌방어사로 있다가 충청도병마절도사로 전임, 경주탈환전에서 큰 공을 세웠다. 경주탈환전 때에 鄭起龍·權應洙 등의 의병장과 합세하고 명나라의 원군과 연합하여 공훈을 세웠다. 1594년 전라도병마절도사로 나아갔으며, 1601년에는 충청도 일원에서 일어난 李夢鶴의 난을 진압하는데 기여하였고, 1605년 함경도순변사로 변방을 맡았다.

139 李山謙(이산겸, 생몰년 미상): 李之菡의 서자. 1592년 임진왜란이 발발하자 6월 의병장 조헌의 막하에 들어가 진중에서 종사하다가 조헌이 금산 전투에서 전사하자 흩어진 군졸들을 수습하여 平澤·振威 사이에 주둔했다. 1594년 宋儒眞의 난에 연루되어 취조받다가 사망했다.

名，護送天將與山謙。

○四月十九日，遂進軍至東坡，宿于查大受軍幕。蓋賊已約退
兵，故有此上京之計也。越翌日，京城復。天兵將入城，諸大臣及
先生隨其後。余亦陪侍而行，登駕峴，望見城內。有一瓦屋，巋然
獨立，直馳入，乃小公主宅也。迎提督於是第，禮訖諸大臣次第
退。先生亦退出，聞於城內遺民，則賊兵前一日出城云。嗚呼! 國
家之厄會，一何至於此，前日櫛比廬舍，皆爲灰燼所滅，遺民存
者，百無一二。行至宗廟前，先生痛哭，諸大臣莫不號泣而失聲。
先生詣提督館，下問起居，願發軍，急追賊兵，提督以漢江無船爲
言。先生使人報備船狀，俄而，李如松率萬餘兵，出江上，忽稱足
疾而還。

○井邑[140]縣監李舜臣[141]，素以忠節膽略，顯名一世。辛卯二月，

---

140 井邑(정읍): 전라북도 남서부에 위치한 고을.

141 李舜臣(이순신, 1545~1598) : 본관은 德水, 자는 汝諧. 1576년 식년무과에 급
제했다. 1589년 柳成龍의 천거로 高沙里僉使로 승진되었고, 절충장군으로 滿
浦僉使 등을 거쳐 1591년 전라좌도 水軍節度使가 되어 여수로 부임했다. 이순
신은 왜침을 예상하고 미리부터 군비 확충에 힘썼다. 특히, 전라좌수영 본영 선
소로 추정되는 곳에서 거북선을 건조하여 여수 종포에서 點考와 포사격 시험까
지 마치고 돌산과 沼浦 사이 수중에 鐵鎖를 설치하는 등 전쟁을 대비하고 있었
다. 임진왜란이 일어나자 가장 먼저 전라좌수영 본영 및 관하 5관(순천·낙안
·보성·광양·흥양) 5포(방답·사도·여도·본포·녹도)의 수령 장졸 및 전선을 여
수 전라좌수영에 집결시켜 전라좌수영 함대를 편성하였다. 이 대선단을 이끌고
玉浦에서 적선 30여 척을 격하고 이어 泗川에서 적선 13척을 분쇄한 것을

自上有擇將之命, 先生特薦爲全羅左道水軍節制使。 李公曾有雅
分[142]於先生, 來往頗頻。 余亦累往幕府, 爲所信任, 心服其忠壯。
至戊戌十月, 提督劉綎[143], 再攻順天賊, 李公乘勝, 至南海界, 又
破賊船, 中丸而歿, 一軍皆哭, 聲振海中。 訃聞滿朝, 莫不愛惜其
材器, 先生尤極痛哀, 卽命余馳赴喪所。 與公侄莞芬[144]等, 治喪送

비롯하여 唐浦에서 20척, 唐項浦에서 100여 척을 각각 격파했다. 7월 閑山島에
서 적선 70척을 무찔러 閑山島大捷이라는 큰 무공을 세웠고, 9월 적군의 근거지
부산에 쳐들어가 100여 척을 부수었다. 이 공으로 이순신은 정헌대부에 올랐다.
1593년 다시 부산과 熊川의 일본 수군을 소탕하고 한산도로 진을 옮겨 本營으로
삼고 남해안 일대의 해상권을 장악, 최초로 삼도수군통제사가 되었다. 1596년
원균 일파의 상소로 인하여 서울로 압송되어 囹圄의 생활을 하던 중, 우의정
鄭琢의 도움을 받아 목숨을 건진 뒤 도원수 權慄의 막하로 들어가 백의종군하였
다. 1597년 정유재란 때 원균이 참패하자 다시 삼도수군통제사에 임명되었다.
12척의 함선과 빈약한 병력을 거느리고 鳴梁에서 133척의 적군과 대결, 31척을
부수어서 명량대첩을 이끌었다. 1598년 명나라 陳璘 제독을 설득하여 함께 여수
묘도와 남해 露梁 앞바다에서 순천 왜교성으로부터 후퇴하던 적선 500여척을
기습하여 싸우다 적탄에 맞아 전사했다.

142 雅分(아분): 평소의 교분.
143 劉綎(유정, 1558~1619): 명나라 장수. 1592년 임진왜란이 일어나자 이듬해 원
　　병 5천을 이끌고 참전하였다. 1597년 정유재란 때 남원에서 졌다는 소식이 전해
　　지자, 배편으로 강화도를 거쳐 입국하였다. 전세를 확인한 뒤 돌아갔다가, 이듬
　　해 提督漢土官兵禦倭總兵官이 되어 대군을 이끌고 와서 도와주었다. 曳橋에서
　　왜군에게 패전, 왜군이 철병한 뒤 귀국하였다.
144 莞芬(완분): 李莞(1579~1627)과 李芬(1566~1619). 李莞의 본관은 德水, 자는
　　悅甫. 이순신의 조카이다. 1592년 임진왜란 때 이순신 휘하에서 종군하였고,
　　1598년 노량해전에서 이순신이 전사한 사실을 알리지 않고 督戰하여 대승을 거
　　두었다. 1599년 무과에 급제, 1618년 평양 중군이 되었고, 1623년 충청도병마절
　　도사에 올랐다. 이듬해 호현에서 결집하여 이천으로 도망치는 李适의 난군을
　　평정한 공으로 가선대부에 올랐고, 의주 부윤으로 있을 때는 毛文龍과 사이가
　　좋지 못하였다. 李芬의 본관은 德水, 자는 馨甫, 호는 默軒. 1608년 별시 문과

興, 人民設祭, 挽車而哭。

○宣傳官金星報, 同郡人也, 早登第而有材器, 先生嘗奇愛之, 余亦往來承接者雅矣。及其超薦爲平安虞侯, 朝廷將遣人, 嚮導天兵。先生薦星報, 上特命遣之, 不幸而致歿, 哀哉!

○前義禁府都事曹好益[145], 募兵江東[146], 得數百人, 出陣祥原[147], 遇賊多斬獲。冬至日, 率士卒, 望行在痛哭, 其忠義激勵如此。

○時嶠南[148]急報日聞, 而家信寂然, 耿念不已, 便信自無何, 來

---

에 급제하여 형조좌랑·병조정랑이 되었다. 1610년 서장관으로 동지사 鄭經世를 따라 焰硝(박초로 만든 약재)를 사 들여오는 것에 공헌하였다 하여 승급되었다.

145 曹好益(조호익, 1545~1609): 본관은 昌寧, 자는 士友, 호는 芝山. 창원 출생이다. 1592년 임진왜란 때 柳成龍의 청으로 풀려나와 金吾郎에 특별 임명되어 行在所가 있는 중화로 달려갔다. 그 뒤 召募官이 되어 軍民을 규합, 중화·상원 등지에서 전공을 세워 鹿皮를 하사받았다. 이어 형조정랑·折衝將軍에 승진되고, 1593년 평양 싸움에 참가하는 등 전공을 세웠다. 그 뒤 대구부사·성주목사·안주목사·성천부사 등을 역임하고, 1597년 정주목사가 되었으나 병으로 사직하였다.

146 江東(강동): 평안남도 강동군을 일컬음. 1575년 경상도도사 崔滉이 부임하여 軍籍을 정리할 때 조호익을 檢督에 임명, 閑丁 50명을 督納하게 하였으나 병을 핑계로 거절하자, 土豪라고 上奏하여 다음해 유배되었던 곳이 바로 평안도 강동현이었다. 유배지에서 계속 학문에 정진, 많은 후진을 양성하여 관서 지방에 학풍을 진작시켰다.

147 祥原(상원): 평안남도 평양의 남동부에 위치한 고을.

148 嶠南(교남): 鳥嶺 남쪽의 경상도를 의미하는데, 즉 嶺南의 별칭.

千里西邸。一尺家札, 足以蕩滌旅愁, 況搶掠賊藪, 大小家眷, 竄
伏山林, 僅免凍餓, 此吾季之智計, 過人也。欣豁, 何可盡道?

○十月, 車駕還都。先是, 沈惟敬。〈此下缺〉

○[149]丁酉八月, 京城上流, 防守器具, 粗備後, 巡審江華海
島[150], 江華則申勅水使李思念[151]措置, 又命余赴海島瞭望[152]。

○時賊兵, 已皆南下, 分屯於江上。自蔚山[153]至于東萊[154]·金
海[155]·巨濟[156], 複屯相結, 至十餘屯, 或依山而築城, 或憑海而掘
塹, 以爲久留之計。天兵留屯於星州[157]·善山[158]·居昌[159]·慶州[160],

---

149 이 부분은 서애 류성룡의《辰巳錄》권2에 근거한 것임. 곧 '待京城上流防守器
   具粗備後巡審江華海道狀(丁酉八月)'로 되어 있다.

150 海島(해도): 海道의 오기.

151 李思念(이사념):《西厓先生文集》권5〈陳措置防守事宜兼辭職箚子〉(丁酉三
   月)에 의하면 京畿水使 李思命의 오기.

152 瞭望(요망): 높은 곳에 올라 멀리 바라봄. 높은 곳에서 적의 동정을 감시하는
   것을 가리킨다.

153 蔚山(울산): 경상남도 북동부에 위치한 고을.

154 東萊(동래): 부산의 중북부에 위치한 고을.

155 金海(김해): 경상남도 동남부에 위치한 고을. 낙동강 서쪽에 있다.

156 巨濟(거제): 경상남도 남해안에 위치한 섬.

157 星州(성주): 경상북도 남서쪽에 위치한 고을.

158 善山(선산): 경상북도 서부 중앙에 위치한 고을.

159 居昌(거창): 경상남도 북서부에 위치한 고을.

而相望不進。朝廷, 聞賊兵屯海邑, 下旨督諸將追賊兵, 都元帥金命元, 巡察使權慄¹⁶¹, 合聚於宜寧¹⁶²。義兵將郭再祐¹⁶³·高彦伯。亦皆附會而已。諸將各自散去, 金命元·權慄·李薲¹⁶⁴·崔遠¹⁶⁵等,

---

160 慶州(경주): 경상북도 남동부에 위치한 고을.

161 權慄(권율, 1537~1599): 본관은 安東, 자는 彦愼, 호는 晩翠堂·暮嶽. 1582년 식년문과에 급제했다. 임진왜란이 일어나 수도가 함락된 후 전라도순찰사 李洸과 防禦使 郭嶸이 4만여 명의 군사를 모집할 때, 광주목사로서 곽영의 휘하에 들어가 中衛將이 되어 북진하다가 용인에서 일본군과 싸웠으나 패하였다. 그 뒤 남원에 주둔하여 1,000여 명의 의용군을 모집, 금산군 梨峙싸움에서 왜장 고바야카와 다카카게[小早川隆景]의 정예부대를 대파하고 전라도 순찰사로 승진하였다. 또 북진 중에 수원의 禿旺山城에 주둔하면서 견고한 진지를 구축하여 持久戰과 遊擊戰을 전개하다 우키타 히데이에[宇喜多秀家]가 거느리는 대부대의 공격을 받았으나 이를 격퇴하였다. 1593년에는 병력을 나누어 부사령관 宣居怡에게 시흥 衿州山에 진을 치게 한 후 2800명의 병력을 이끌고 한강을 건너 幸州山城에 주둔하여, 3만 명의 대군으로 공격해온 고바야카와의 일본군을 맞아 2만 4000여 명의 사상자를 내게 하며 격퇴하였다. 그 전공으로 도원수에 올랐다가 도망병을 즉결처분한 죄로 해직되었으나, 한성부판윤으로 재기용되어 備邊司堂上을 겸직하였고, 1596년 충청도 순찰사에 이어 다시 도원수가 되었다. 1597년 정유재란이 일어나자 적군의 북상을 막기 위해 명나라 提督 麻貴와 함께 울산에서 대진했으나, 명나라 사령관 楊鎬의 돌연한 퇴각령으로 철수하였다. 이어 順天 曳橋에 주둔한 일본군을 공격하려고 했으나, 전쟁의 확대를 꺼리던 명나라 장수들의 비협조로 실패하였다. 임진왜란 7년 간 군대를 총지휘한 장군으로 바다의 이순신과 더불어 역사에 남을 전공을 세웠다. 1599년 노환으로 관직을 사임하고 고향에 돌아갔다.

162 宜寧(의령): 경상남도 중앙에 위치한 고을.

163 郭再祐(곽재우, 1552~1617): 본관은 玄風, 자는 季綏, 호는 忘憂堂. 1585년 정시문과에 급제했지만 왕의 뜻에 거슬린 구절 때문에 罷榜되었다. 임진왜란 때 의병을 일으켜 天降紅衣將軍이라 불리며 거듭 왜적을 무찔렀다. 정유재란 때 慶尙左道防禦使로 火旺山城을 지켰다.

164 李薲(이빈, 1537~1603): 본관은 全州, 자는 聞遠. 1592년 임진왜란이 일어나

先向全羅道, 金千鎰[166]·崔慶會[167]·黃進[168]等, 向晉州[169], 賊兵隨

---

자, 경상좌도병마절도사로 충주에서 申砬의 휘하에 들어가 싸웠으나 패하였다.
그 뒤 金命元의 휘하에 들어가 임진강을 방어하다가 다시 패하고, 평안도병마절
도사로 평양을 방어하였으나 성이 함락되자 李元翼을 따라 順安에서 싸웠다.
1593년 1월에 명장 李如松이 평양을 탈환하자 군사를 이끌고 명나라 군대에 종
사하였으며, 李鎰을 대신하여 巡邊使에 임명되었다. 같은 해 2월 權慄이 幸州
山城에서 왜군을 크게 격파하고 坡州山城으로 옮기자, 권율과 함께 파주산성을
수비하였다. 같은 해 왜군이 진주와 구례 지방을 침략할 때 남원을 지켰다. 그러
나 당시 진주성을 방어하지 못하였다는 사헌부와 사간원의 탄핵을 받고 戴罪從
軍하다가 1594년 경상도순변사에 복직되었다.

165 崔遠(최원, 생몰년 미상): 武臣. 1592년에 임진왜란이 일어나 군사 1,000명을
거느리고 의병장 金千鎰, 月串僉節制使 李蘋과 함께 礪山에서 적군의 진출을
막아 싸웠다. 김천일 등과 함께 남원·순창을 거쳐 북상하던 중 군사 4만 명을
거느리고 서울로 향하여 떠났던 전라감사 李洸 등 많은 군사가 용인에서 패전한
뒤라 수원에서 강화도로 들어가 주둔지로 삼고 군사를 모집하였다.

166 金千鎰(김천일, 1537~1593): 본관은 彦陽, 자는 士重, 호는 健齋·克念堂. 1578
년 任實縣監을 지냈다. 임진왜란 때 나주에 있다가 高敬命·朴光玉·崔慶會 등
에게 글을 보내 倡義起兵할 것을 제의하는 한편, 담양에서 고경명 등과도 협의하
였다. 그 뒤 나주에서 宋濟民·梁山璹·朴懽 등과 함께 의병의 기치를 들고 의병
300명을 모아 북쪽으로 출병하였다. 한편, 공주에서 趙憲과 호서지방 의병에
관해 협의하고는 곧 수원에 도착하였다. 북상할 때 수원의 연도에서 스스로 의병
에 참가한 자와 또 호서방면에서 모집한 숫자가 크게 늘어나자 군세는 사기를
떨쳤다. 수원의 禿城山城을 거점으로 본격적인 군사 활동을 전개, 유격전으로
개가를 올렸다. 특히, 金嶺戰鬪에서는 일시에 적 15명을 참살하고 많은 전리품을
노획하는 대전과를 올렸다. 8월 전라병사에 崔遠의 관군과 함께 강화도로 진을
옮겼다. 이 무렵 조정으로부터 倡義使라는 軍號를 받고 掌禮院判決事에 임명되
었다. 강화도에 진을 옮긴 뒤 강화부사·전라병사와 협력해 연안에 防柵을 쌓고
병선을 수리해 전투태세를 재정비하였다. 강화도는 당시 조정의 명령을 호남·
호서에 전달할 수 있는 전략상의 요충지였다. 9월에는 通川·陽川 지구의 의병까
지 지휘했고 매일같이 강화 연안의 적군을 공격했으며, 양천·김포 등지의 왜군을
패주시켰다. 한편, 전라병사·경기수사·충청병사, 秋義兵將 禹性傳 등의 관군
및 의병과 합세해 楊花渡戰鬪에서 대승을 거두었다. 또한, 일본군의 圓陵 도굴

행위도 막아 이를 봉위하기도 하였다. 다음해인 1593년 정월 명나라 군대가 평양을 수복, 개성으로 진격할 때 이들의 작전을 도왔으며, 명·일간에 강화가 제기되자 반대 운동을 전개하였다. 서울이 수복되어 굶주리는 자가 속출하자 배로 쌀 1,000석을 공급해 구휼하였다. 전투에서도 경기수사·충청수사와 함께 仙遊峯 및 沙峴戰鬪에서 다수의 적을 참살, 생포하고 2월에는 權慄의 행주산성 전투에 강화도로부터 출진해 참가하였다. 이들 의병은 강화도를 중심으로 장기간의 전투에서 400여 명의 적을 참살하는 전공을 세웠다. 1593년 4월 왜군이 서울에서 철수하자 이를 추격, 상주를 거쳐 함안에 이르렀다. 이 때 명·일강화가 추진 중인데도 불구하고 남하한 적군의 주력은 경상도 밀양 부근에 집결, 동래·김해 등지의 군사와 합세해 1차 진주싸움의 패배를 설욕하기 위한 진주성 공격을 서두르고 있었다. 이에 6월 14일 300명의 의병을 이끌고 입성하자 여기에 다시 관군과 의병이 모여들었다. 합세한 관군·의병의 주장인 都節制가 되어 항전 태세를 갖추었다. 10만에 가까운 적의 대군이 6월 21일부터 29일까지 대공세를 감행하자 아군은 중과부적임에도 분전했으나 끝내 함락되고 말았다. 이에 아들 金象乾과 함께 촉석루에서 南江에 몸을 던져 순사하였다.

167 崔慶會(최경회, 1532~1593): 본관은 海州, 자는 善遇, 호는 三溪·日休堂. 전라남도 陵州 출신이다. 1561년 進士가 되고, 1567년 式年文科에 급제, 寧海郡守가 되었다. 1592년 임진왜란 때 의병장이 되어 錦山·茂州 등지에서 왜병과 싸워 크게 전공을 세워 이듬해 경상우도 兵馬節度使에 승진했다. 그해 6월 제2차 晉州城 싸움에서 9주야를 싸우다 전사했다.

168 黃進(황진, 1550~1593): 본관은 長水, 자는 明甫. 1576년 무과에 급제해 선전관에 임명되었다. 그 뒤 거산도찰방에 기용되고 安原堡權管을 역임하였다. 이어 다시 선전관이 되어 통신사 黃允吉 일행을 따라 일본에 다녀왔다. 그 뒤 濟用監主簿를 거쳐, 동복현감에 임명되었다. 1592년 임진왜란이 일어나자, 전라도 관찰사 李洸를 따라 군대를 이끌고 용인에서 왜군과 대적했으나 패하였다. 이후 남하하다가 진안에 침입한 왜적 선봉장을 사살하고 이어 安德院에 침입한 적을 격퇴하였다. 그리고 훈련원판관으로 梨峴戰鬪에 참가해 왜적을 격퇴하였다. 이 공으로 익산군수로 충청도조방장을 겸하였다. 1593년 2월 전라병사 宣居怡를 따라 수원에서 왜군을 맞아 싸웠다. 3월에는 충청도병마절도사가 되어 陣을 안성으로 옮겼다. 여기서 군대를 훈련시키고 대오를 정비해 죽산성에 있는 적과 대치하였다. 이때 적장 후쿠시마 마사노리(福島正則)가 안산성을 탈취하고자 竹山府城을 나와 안성으로 진군하였다. 이에 군사를 이끌고 왜군에 접전해

至固之。戰數日, 黃進中丸而死, 軍人氣奪, 賊兵入城內。千鎰登
矗石樓[170], 與慶會攜手痛哭, 投江而死。朝廷, 聞而哀之, 以千鎰
爲義死, 贈議政府右贊成。◎[171] 天將悉還京師。先生隨天將, 行
至屛山館, 雪寒猝酷, 連留二日, 不得發。余從間, 白於前曰: "從
先生, 同出沒戰塵者, 已到累禩。幸荷天朝再造之恩[172], 復京城,
返王駕。而但邊憂未霽, 天兵又向京城, 再擧之期, 不知其幾個
月, 而先生今日之行, 係是國家重大之職, 固不得已也。天恩罔
極, 以若庸愚, 除之以定略[173]之秩, 感祝[174]之誠, 無以圖報, 幸賴
先生汎愛之私恩, 逖矣西土, 卒無僨敗[175]而歸, 轉到湖南, 以至於
此, 莫非天也。日後, 論功酬勳之典, 非佐幕之任所可冀及, 而馮
唐[176]已老之歎, 李廣[177]難封之恨, 恒切。但歲色[178]迫近, 歸思正

---

죽산성을 점령했으며, 퇴각하는 왜군을 상주까지 추격해 대파하였다. 그 뒤 6월
적의 대군이 진주를 공략하자 倡義使 金千鎰, 병마절도사 崔慶會와 함께 진주
성으로 들어갔다. 그리고 성을 굳게 지키며 9일간이나 용전하다가 장렬하게 전
사하였다.

169 晉州(진주): 경상남도 남서부에 위치한 고을.

170 矗石樓(촉석루): 경상남도 진주시 본성동에 있는 누각

171 이 표시는 앞에서 설명한 바 있음.

172 再造之恩(재조지은): 거의 멸망하게 된 것을 구원하여 도와준 은혜.

173 定略(정략): 定略將軍. 조선시대 종4품 西班 武官에게 주던 품계.

174 感祝(감축): 경사스러운 일을 함께 감사하고 축하함. 받은 은혜에 대하여 축복하
고 싶을 만큼 매우 고맙게 여김.

175 僨敗(분패): 일을 잡쳐서 실패함. 낭패함.

176 馮唐(풍당): 漢나라 高帝 때에 낮은 관직인 郎官이 되어 惠帝를 거쳐 文帝 때에
가서야 문제에게 알아줌을 받은 인물. 文帝에게 발견되었을 때는 이미 늙어서

緊, 先生之西行, 固所義也。而至於小將今日之還, 無關於國家再
擧之期, 亦無憾於先生佐幕之道, 伏願先生許歸鄕里." 先生曰:
"丈夫之行, 禡於終始, 臨路分袂[179], 豈不惜哉?" 對曰:"俄聞家
奇, 妻病彌篤, 情理所在, 斷不可已, 況經亂之後, 返巢之初, 調
服之道, 不見是圖也。且人命脩短, 固難測知, 生時永訣, 是所望
也。特賜放歸以敍情理, 如何?" 先生, 終不給由, 更以舍季[180]書,
奉示極請, 先生曰:"八年塵埃, 頭鬚共白, 進亦同, 退亦同, 道理
當然, 而情迫如此, 固不可挽。君其歸哉." 翌日, 雪路稍通, 日氣
頗溫, 遂發至丹山, 秣馬犒軍。余乃入謁楊經理[181] · 麻提督[182], 帳

---

소용없이 된 때였다.

177 李廣(이광): 漢武帝 때의 명장. 匈奴가 飛將軍이라고 무서워하면서 감히 침입
    을 하지 못했을 정도로 공을 세웠지만, 그의 부하 장수들 모두가 제후로 봉해졌
    는데도 정작 그만은 끝내 높은 관작에 봉해지지 못했다. 운명의 탓으로 돌리며
    탄식을 금하지 못했다는 고사가 있다.

178 歲色(세색): 세월의 현실 상태나 형편.

179 分袂(분몌): 分手. 헤어짐.

180 舍季(사계): 편지에서 막내를 가리킬 때 쓰는 표현. 둘째 아우일 때는 舍仲이라
    한다.

181 楊經理(양경리): 楊鎬를 가리킴. 정유재란 때 조선에 온 명나라 장수. 僉知都御
    使였던 그는 1597년 정유재란 때 經略朝鮮軍務使가 되어 총독 邢玠, 摠兵 麻
    貴, 부총병 楊元 등과 함께 참전하였다. 울산에서 벌어진 島山城 전투에서 크게
    패하였는데 이를 승리로 보고하였다가 들통 나서 파면되었다.

182 麻提督(마제독): 麻貴를 가리킴. 정유재란 때 온 명나라 장수. 1597년 정유재란
    이 일어나자 그는 명나라가 파견한 구원병의 提督으로 군사를 거느리고 조선에
    들어왔다. 그 해 12월 도원수 權慄과 합세하여 적장 구로다 나가마사(黑田長政)
    에 맞서 제1차 울산성 전투를 치렀으나 성과를 올리지 못했고 왜군의 철수로
    귀국하였다. 1598년 萬世德이 거느린 14만 원군을 따라 들어와 또 동래로 내려

下拜辭, 經理·提督, 召先生以問曰:"黃貴成之材略, 姑未需用戰
伐之場, 而料事頗優, 量敵甚熟, 難可更得其人, 方今敵鋒未掃,
先自告歸, 何也?"先生對曰:"其家所處, 不得挽執."退出私幕。
隨後而出, 先生裁書遺之曰:"君之歸, 必先過河隈[183], 以傳此書."
臨別, 猶不勝悵缺之懷, 轉向三灘津[184]而餞, 日已昃矣。步出橋
頭, 陰雪始泮, 路氷如油, 馬不得着足, 跋涉[185]而行。至村前, 翕
然一閣, 依舊而立, 使奴完石, 先入通奇。時妻患已劇, 魂迷不省
人之出入, 遂高聲而呼, 纔一擧目而熟視。終無一言而逝。時則己
亥正月二日也。【見絲今重洞草譜, 故校時載之.】

○隣居權友〈缺〉可者, 吾童年竹馬之交, 與余弟經亂逃竄, 互相
救助, 聞我之還, 來慰曰:"子之生離死別之變, 誠極痛迫, 生時永
訣, 尤切奇異, 勿爲損傷焉。吾家之禍, 慘不忍向他人言者也。八
年之內, 老母之喪, 家婦之憾, 繼出於林木間, 凍雪之中, 朝夕奠
奉之節, 慘痛之懷, 胡忍提說? 尤有所痛迫者, 三霜[186]已過, 俱未
襄窆, 最是人子, 家父之哀痛切迫處也。今子名播於弓馬之場, 生
還於瘡痍[187]之世, 豈非幸耶?"余答曰:"君家之運, 何其厄也? 吾

가 도산성을 공격하였다. 1599년 봄에 본국인 명나라로 돌아갔다.

183 河隈(하외): 경상북도 안동시 풍산면 서쪽에 위치한 마을.

184 三灘津(삼탄진): 경상북도 예천군 풍양면 낙상리 새일에 있었던 나루.

185 跋涉(발섭): 산을 넘고 물을 건너서 길을 감.

186 三霜(삼상): 서리가 세 번 내렸다는 뜻으로, 3년을 달리 이르는 말.

187 瘡痍(창이): 온몸이 상처투성이가 됨. 일이 아주 엉망이 됨을 비유적으로 이르는

今日之痛, 非徒爲老妻哭也." 滿眼光景, 莫非滄桑, 都不如無言。

○先生手札來到, 奉覽。

○所居草堂, 本是狹隘, 而久爲風雨所壞, 遭變之後, 又爲殯幕, 晝宵之間, 容膝甚難, 便召匠而謀之。一朔之間, 構數間屋宇, 甚精閒[188], 爲老夫晩年休息之所, 極爲稱情[189]。權友曰: "有堂而無號, 亦一欠事。且知君之平生, 固莫如吾, 吾且名之." 因以晩休二字, 題其額。余笑曰: "題額甚猥濫, 而名義[190]者固當." 日與權友, 圍棊皷琴〈此下多缺〉之句, 示余, 曰: "構拙不足以稱吾子之事業." 余曰: "主人當先占, 而君先唱之, 誠美矣。我且和之." 權友誦之曰: "經亂之後, 志尙何其壯也."

○江上有巖, 廣如一小逕, 又有一澄潭, 鱗鱗之族往來, 卵育於巖穴之間, 以爲盤桓[191]釣遊之處。自先世, 居於是, 釣於是, 名以爲釣臺。及歸, 依舊巖石, 在於江上。余日與權友, 相爲倆伴, 以作老夫歸休之所, 又占一聯。

---

말이기도 하다.

188 精閒(정한): 精閑. 조용하고 한가함.

189 稱情(칭정): 뜻에 맞음.

190 名義(명의): 應名. 挂名. 걸어놓는 명칭.

191 盤桓(반환): 맴돎. 머묾.

○日, 余病臥不能起, 顧謂舍弟, 曰: "眼者西征靡蠱[192]於王事,
往住玉蓮坊[193]近地者數矣, 而終未省拜先塋, 是吾平生所恨也。
今年衰日迫, 尤致念於齊家一道, 而弼守之學業, 無所進益, 陶
潛[194]責子[195]之詩, 不其然乎? 莫如從吾所好, 鼓琴而賦詩。" 翌日,
責送河隈。〈此下多缺〉一日, 弼守來報曰: "昨日, 京耗[196]直來,
先生行旆, 在今明間。"云矣。越三日朝, 先生書札來到, 問諸來
价, 曰: "是札, 出於前月 … 〈以下缺〉 … 。

---

192 靡蠱(고): 蠱卦. 元亨을 말함. 대개 어지러울 때는 무슨 일을 할 수가 있으니
　　무너지고 낭패된 뒤에는 흥기하는 방도가 있는 괘이다.
193 玉蓮坊(옥련방): 황해도 개성에 있는 지명으로, 平海君 襄武公 黃希碩의 묘가
　　있는 곳. 황희석은 요동정벌 때 이성계를 따라 위화도에서 회군하여 조선개국공
　　신 2등에 오른 인물이다.
194 陶潛(도잠): 陶淵明의 異名. 중국 東晉의 자연 시인. 자는 淵明·元良, 호는
　　五柳先生, 시호는 靖節. 州祭酒로 시작하여 彭澤의 令이 되었으나, 80일만에
　　歸去來辭를 읊고 벼슬을 떠나 田園生活을 즐겼다. 문 앞에 五柳樹를 심고 스스
　　로 오류 선생이라 하고, 정절선생이라 존칭하였다.
195 責子(책자): 陶淵明의 시. 곧 "백발이 양 귀밑머리 덮으니, 살결도 예전같이 실
　　하지 못하네. 비록 다섯 들이 있으나, 모두 글 공부를 좋아하지 않느냐. 舒는
　　이미 열여섯 살 되었으나, 게으르기 짝이 없는 놈이고, 宣도 열다섯 살이 되는데
　　도, 공부를 좋아하지 않으며. 雍과 端은 나이 열세 살이나, 여섯과 일곱도 분간
　　하지 못하네. 通이란 놈은 아홉 살 되었으나, 오직 배와 밤만 찾누나. 타고난
　　자식 운이 이러하니, 또 술이나 마실 수밖에.(白髮被兩鬢, 肌膚不復實. 雖有五
　　男兒, 總不好紙筆. 阿舒已二八, 懶惰故無匹. 阿宣行志學, 而不愛文術. 雍端
　　年十三, 不識六與七. 通子垂九齡, 但覓梨與栗. 天運苟如此, 且進盃中物.)"
　　이다. 공부에 대한 자식들의 무관심을 천운으로 돌리고 스스로 술을 마시며 근심
　　과 고민을 풀어버리는 시이다.
196 京耗(경모): 한양 소식. 鄕耗는 시골 소식을 말한다.

# 찾아보기

황귀성의 〈亂中記事〉

한국국학진흥원 소장

류광목의 황귀성 행장

《만휴당문집(晚休堂文集)》,『한국역대문집총서』2298, 경인문화사, 1997

김종락의 〈書晚休堂黃公記事後〉

《삼소재문집(三素齋文集)》, 안동대학교 도서관 소장

여기서부터는 影印本을 인쇄한 부분으로 맨 뒷 페이지부터 보십시오.

値蠻收百存一二鋏章斷句文理不屬而逞逞有吐

氣成虹驅風破浪之勢記法亦有條理深得史家體

眞當時幷用之材器而柳先生能得士矣公平海人

譚黃成字致章晚休其號也英爽不羈膂力過人先

生同患難於壬辰成大積公之智勇膽略雖有

素抱者而若非先生識人之鑑迥出尋常豈能如是

薦拔裁昔太史公叙伯夷傳曰士非附青雲之士烏

得施放於世裁吾於晚休公亦云

　書傍先祖僉議公行蹟後

我家自祖宗來爲宗社建功立節已爲傳世之餘慶

君可謂壯士而兼詩人此豈偃千金之襃敗而當日

城中忠壯之士想膽靑髮堅而激勵者矣嗚呼忠武

公南海一捷實係我 國之存亡關廬而使凶寇氣

挫海神鼓舞及其星隕南營哭聲振海此何等危地

慧境而先生命代公代之勳於是爲大而其臨亂不

路善護旅櫬則公樹立之勳於是爲大而其臨亂不

避之勇檗可見矣獨惜其微秩下班功績未敝逐便

百世英名湮沒扵石室丹書不識顏眞卿何狀乃爾

者政爲公發也日後孫鍾呂鍾義持一卷集而示余

乃將軍壬辰記事而與先生懲毖錄詳畧有少異重

二十五

贊畫經綸悩謀定筭不啻如平原之李同巡遠之霽
雲而方其漆蜜長驅八域尾解江淮堡障危如一髪
時柳先生為國重任篤擢才俊如權元帥李忠武為
水陸大將如辛慶晉洪宗祿為賛軍従事應時需用
各當其才如公生長鄰里夙知素畜暫不離旅營府
之間凡有緩急叅定筭畫而壯猷奇策多出其手倩
命採葛臨津之浮橋忽成鸞馬守城定州之倉穀頼
完匹騎倉黄尺釼横行錐蹈白刃裹馬草直没之而
無怨悔故其詩曰授筆綵汚羊亦高大同江水正滔
滔他時露布王城下欲挹銀河洗此刀先生戯之曰

# 김종락의 〈書晚休堂黃公記事後〉

(《삼소재문집》, 안동대학교 도서관 소장)

道誰復錄陳孝之蹟使之不朽於世耶縱惡寒兩頓

憊羸裏增感略道大槩以歸致榮佛頭塵穢何足輕

重而猶可爲爲子孫請文之一資否耶感涕而書于

洛北之三素㶁

## 書晚休堂黃公記事後

預章之材必生於江南簫雲之驄必産於冀北盖其

毓靈鍾氣自有其地而必竟匠石聰之作爲棟樑栢

櫟過之拔其驥騏老使世無良工具眼則千齊之貴

千里之逸吾惡其虛老於深山冷壟之中矣今平海

黃公其人也當龍蛇之變嘗爲西厓柳先生佐幕其

諟祀公以丙丁之禮建益陽書堂云通政大夫行校

理知製教兼經筵叅贊官春秋舘記注官文臣魚

宣傳官豐山柳光睦謹撰

家狀

府君諱貴榮後攺貴成字致章晚休其號也平海

黃氏漢學士諱洛爲鼻祖也中世有諱溫仁高麗

金吾將軍太子檢校是生諱佑精軍器少尹生諱

裕中門下侍中生諱庸大匡輔國謚忠敬生諱太

白刑曹典書生諱裕以孫希碩貴　本朝　贈左

議政生諱天縱歷三道觀察使生諱希亮工曹判

16

# 황귀성의 〈亂中記事〉

(한국국학진흥원 소장)

幸敵熖幾熄去留無礙耳 錢以下

附西厓先生手札

三灘之別尚戀戀耳歸後優用連吉恒用耿結此

中姑依喜莘嶠勝就邊憂未畢君邊告歸公私之

皷何可勝道也塞鴈 敁下

記

亂中記事

余生長窮巷常抱孤陋之恨癸酉秋始拜西厓柳先

生于河上盧次先生不以慵愚而外之收置門下首

授以周禮司徒之敎旨是往來承誨積有年所矣當

壬辰四月往候于墨寺洞京第十三日倭兵犯入釜
山浦十七日早朝邊牒卒至自備邊司特薦先生爲
體察使時邊報陸續不絶賊兵已過密陽溠谷殆近嶺
底云先生曰今吾受任於艱險之地而擢君以佐幕
任勿卑小官無念妻孥共力王事同歸死生於意何
如且知人最難而君之出入吾門下近二十餘歲知
君之心爲忠且信識君之勇爲強且毅每事周徧無
窒束壞錣處足以當大事任要職而方苟不責發程
不遠軍官中探知之任最難得其人君其爲我先發
可也對曰旅食京邸當此判渙之時孰無保軀命戀

兔木堂文集天一

妻子之心而陪於是遊於此者爲先生眷愛之恩欲

報其萬一者也鄙生性雖蒙愚豈以艱危之勢私自

逃生變其夷險一節而棄先生於千萬賊藪中耶且

死生有命家窮之存沒逃遁不足掛念而但　國步

艱難先生方受重任爲公保私竊有所望而雖以淺

智殘勇隨事補給終始如一是區區之願也將卜日

發行時先生在中樞府卽治行事先生謂余曰募致

軍官君自擇定先發令下軍官願從者二十餘員翌

日方試才於樞府前庭都巡邊使申砬以武士不肯

從不得發請謁先生通剌後見先生召募軍官甚多

時代堂文集卷一　三

3

顯有不豫之色先生卽以軍官單子授送○慶尙左
兵使金誠一爲本道招諭使咸安郡守柳崇仁爲兵
使先是金公自日本還言倭兵不動與黃允吉所言
大不同先生間曰君言旣如是萬一有變將柰何金
公曰吾亦豈料其終不動但稍解民情故八字在偁親
聞者詳矣及是時　上以某之言解人心誤國事逐
有拿致之命俄而　上知金某收得本道士民心命
赦其罷因拜招諭職時先生書報往復余輒奉行金
公辭甚慷慨諭余以勉國事勦討賊之意心竊感服
矣至是有下獄之令竟得蒙放之命不勝幸賀○巡

邊使申砬屯兵忠州敗績而歿砬有將畧而素有自

恃輕賊之意當來謁先生於私邸論用兵臨戰之策

言甚輕易先生明其不然砬終不省悟而去至是不

守鳥嶺之險而退陣于彈琴臺致此溺沒之敗先生

知人之鑑推此可服而申砬之輕賊致敗可勝歎哉

四月三十日曉 車駕將西幸平壤請兵 天朝自

領相以下皆有扈從點出之 命而獨先生無所命

政院 啓扈從不可無柳某於是令扈行時京城堅

守之論從中出萬口和附姑未決俄而巡邊使李鎰

狀啓夜至 車駕卽時而發自景福宮前哭聲一時

東茨堂文集卷一    四二

滿城中雖丈夫剛腸不忍見不忍聞也先生顧謂余
曰 車駕之西幸在所不已臣子之陪從尤爲得當
而君之於我但同鄰之誼佐幕之分也以吾之故涉
險濱危而至於斯耶余對曰一諾尚存必無餘恨且
職任雖殊爲公一也況 國勢如此陪先生同死生
己浚於平常時豈以千里平壤爲中道反改耶伏願
先生勿復憂慮隨事量處分付施行以便公私卽隨
車駕蹴沙峴到碧蹄驛兩大注 上停駕驛舍卽
出至臨津兩轝不止日既昏渡江入東坡驛越翌日
夕次于開城府大平館臺諫以首相交結誤國事劾

晚悟堂文集卷

五

葵至初二日朝 上卽遞首相以先生特差一行羣
情莫不洽然越七日過中和入平壤〇六月十一日
車駕向寧邊時先生以唐將接待事雷子平壤是
日賊攻城急卽時分排諸軍官各守門樓及大同江
灘先生與左相及元帥并登鍊光亭俄而有紅衣賊
見亭上有人暗以鳥銃窺點漸至沙岸放丸以地步
之稍遠故竟不及余時在防牌內望見賊勢數多如
林而睨其軍律不甚壯卽以片箭射之五巡所傷
頗多又令軍官姜士益等十餘人從後射之矢及岸
上賊畏縮而退去〇七月先生病痔甚苦臥不視事

7

余甚憂之食飲藥餌等節無不干攝而症甚添劇爲

公泣私慫不知所出自 行在送內醫詮症持賜熊

膽蠟藥至四五調服症少差復明日卽起視事羣情

抃賀○十三日方以糧餉接濟爲憂適牙山倉米一

千二百石來泊定州立巖地先生不勝喜幸卽發遣

守門將康士雍及余馳往督運當日到泊于安州○

十九日遊擊將史儒中丸卽死先是祖承訓至義州

史儒以其軍卒爲先鋒將祖本以遼左驍將往者北

虜之戰累有軍功至是大言倭可擒取行至嘉山營

問我人曰平壤之賊今果屯據否對曰賊兵方雷突

聊作堂文集卷一　　六二

擊無數承訓即於是日夜三更發兵進攻平壤時大

兩賊至城上無守堞之倭先鋒即馳入七星門內道

狹而衡多委巷馬不得展足而行軍不能成伍陣勢

急窄束俄忽之間鳥銃聲發飛丸如雨下史遊擊即

致斃軍馬死者亦不知其數承訓遂退陣以餘兵還

過順安肅川夜至安州欲前阻江路以備過故其急

邊如此先生謂余往慰其志兼送酒饌余使辛從事

奉饌後至先生馳走控江亭承訓爲兩所沮喫已四五

日卽以先生命固挽承訓露處野中衣甲皆沾濕斷

不可遌還軍遼東余還白先生先生恐此時人心潰

卽以雷安州待後軍之至啓請于　行在○八月

聞　天兵出來之報先生預令於三和龍岡等邑急

輸米豆一千六百石分置順安肅川此等邑民丁盡

在行陣老弱多竄許多之穀恐未得及時齊到從事

官辛慶晉得疾委痛不能奔走檢戟乃命余往督及

期竣事而還○九月十日隨　車駕至定州不數日

幸宣川命先生守定州營先生送　駕伏路左因從

延薰樓上望見有荷杖自四面而來者不知幾許人

矣先生急呼余往探之卽行覘之數雖顆而跡甚殊

常卽追捕懸首於倉街其餘賊望風解散由此得全

10

定州倉穀宣川龍川鐵山諸邑刧倉者亦燼○嘉山

郡守沈信謙走馬急來所告內本郡儲穀頗優而官

廳有白米一千石以此欲餉 天兵今已不幸事至

於此願少留鎮撫賊不敢犯民不能動矣時信謙不

能令其下獨先生所帶軍官五六人所收潰卒二十

餘人矣信謙欲藉此自護故云先生以無 上命不

敢擅畱遂別行至曉星嶺回望嘉山郡中已亂信謙

果失倉穀而逃○時久不雨江灘日縮 上命宰臣

禱雨於檀君箕子東明王廟終不雨先生謂尹相曰

此處水淺無船賊不可渡探其水上淺灘處先使防

備如何尹相曰彼李潤德之輩難可倚仗獨李元翼
可任然難獨任以黃貴戎兼送如何因命余守灘與
從事洪宗祿等十餘人同出城向博川　行在繼援
將李幼澄以平壤近賊數有辭職之意先生明責其
不然先生以唐將迎接次將向嘉山至大定江邊望
廣禮院野有散卒連續不絶而來先生疑平壤陷没
命余往追探之卽以單騎馳行至廣通院二里餘適
逢落後者十餘人詰其所從來乃義州龍川等邑軍
赴平壤守灘者也聞厥所傳則賊從王城灘兵使李
潤德遁去云自不覺驚愕矣卽馳馬回報先生　先生

晚仁堂文集卷一　八一

曰或傳者誤耶夏探以來余卽回馬直抵大同江岸

果如傳言先生大驚卽時寫狀顧余曰此狀與他狀

有異君其往無雷滯急報　行往以來卽與軍官崔

允元急時發向博川是時　天兵搞粮恐艱乏先生

將向郭山至其山城下有一歧路當前先生問余曰

向來郭山遵大路往來今日之行日急如此故從間

路直行不意邊當歧路吾不知從此向何處乎對曰

鄙生前日往來每由此路從左則直抵郭山從右則

乃到龜城不遠也先生卽馳馬謂余曰曾聞龜城儲

穀頗優而吏民離散故輸運無路云君與洪宗祿幷

13

往宗祿曾譎居龜城已協民心以君之勇畧加彼之
忠實招諭散民輸致倉穀固不難也十分愼處爲之
也卽時拜謝而行宗祿臨發似有慨然不豫之色余
謂曰爲譎邑而再作是擧故有此等氣像耶已收斂
爲司饔職旼何慨然耶遂與宗祿巡行山谷以諭曰
方今賊兵已八平壤 天兵方到定州平復之路可
指日以期而但所急者糧粮也本邑儲峙果如所聞
而輸運無路汝等亦王民也當危急之時竄伏回避
義不忍也自今無論品官人民吏胥同心戮力斯速
輸致于定州嘉山果如吾諭則卽啓 行在後有襃

賞有一人從林木間來問曰將軍自　行在邑而來
子賊兵果屯平壤　天兵亦果到定州耶曰然俄而
繼尾而至者不知其數於是發倉穀以給擔負者纙
續不絶先生賀余曰此邑支供賴君之力○十一月
冬寒轉潑先生淡慮財力益竭軍卒疲頓回復之期
將致緩晚晝夜燋思命余馳往江上候　天兵消息
○時賊兵已犯八咸鏡道者亦甚衆多　王子亦陷
賊中侍臣及該監司柳永立該兵使韓克諴等皆被
執云報草自　行在至于各營莫不落膽失色先生
私自親往探賊適是時有倭學通使咸廷虎者來謁

明代堂文集卷一　九一

15

先生詳陳北道事機行長淸正分道而發行長向平
壞而淸正入咸鏡道先生因命余馘此下永立等皆脱
身還　行在果如所傳衆莫不驚愕矣○十二月
天朝大發兵以提督李如松爲大將率三營將張世
爵楊元李如栢及南將駱尚志吳惟忠王必迪等渡
江兵數至四萬餘先是經畧宋應昌贊畫黃裳袁
黃駐節遼東合軍渡江十三日至安州時提督住東
軒先生將入謁論事余亦陪其後先生袖平壤地圖
以進○癸巳正月　天兵已到肅川先生隨其後提
督使副總兵查大受往順安結倭奴　天朝今已許

忠愍堂文集卷一　　十二

和沈遊擊且至倭喜使小將平好官率餘衆出迎沈

遊擊總兵誘與許飲因縱擊擒平好官自後倭知兵

至大相擾亂提督方日晟彎弓鳴弦直馳入順安諸

營連續進進翌日朝進圍平壤先攻普通七星門以

大砲火箭前發之聲動天地余卽馳告駱尚志吳惟忠

合率以進兵倭不能支走入內城中以銃丸亂發壁

穴間由是我軍及　天兵多被傷者余急走告提督

曰賊兵潰散餘存者旣入內城是所謂陷穽之虎勢

似盡剿而竊念窮寇致死機不可測兵可少退城外

以開走路如何提督從之倭果夜遁李提督彈劾鳴

鼓直上鍊光亭先生及諸軍帥隨其後設宴陳樂至
夜三受風簷正動月色方明諸軍帥次第奏凱提督
辭以未盡討平不許時命余千涉守灘軍夜淡行過
江渚適發杜甫行劒外之懷感題一絶寫呈先生先
生微笑曰此時詩興誠不偶然古所謂壯士而詩人
於君得見矣○提督進至坡州與賊戰于碧蹄驛南
阡頭旋屯于開城府先是提督欲追賊兵謂先生曰
吾方進軍而聞前路無糧穀蒭草云極為憂慮為國
事不憚勞惟在議政一人可促行備待無有窘束先
生卽辭而出余亦從後提督呼余謂曰此去京城不

滿二百里而賊兵旣敗於平壤退屯各處者其數難

算又聞我之進必是要路隱伏以設馬陵之機君其

先我候探與議政詳察曰以馳報時大同江南天

兵先鋒己發槍戟塞路固不可行陪先生從間路疾

馳夜入中和轉至黃州所經驛舍皆空虛城邑亦其

蕭條進退之間計難得當遂命余移文于黃海監司

柳永慶使催運糧草自海營又轉移丈於平安監司

李元翼趁卽調發金應瑞軍不堪戰者自平壤負戴

而至黃州又令各邑儲峙自相輸致船運而至未嘗

闕之余自海營還至黃州雷所卽馳報提督曰小將

奉命至黃州姑未趁期牒報者非誠意之不足黃州
之穀已天於賊兵之來往留屯調發各邑之儲粟輸
致於大軍之前到邑令纔旋歸奉命時探問賊兵屯
事聞於開城人來者所經村邑無賊兵屯結之患而
自坡湍以東賊兵尚此屯聚云此非小將之目擊
姑不可專信而想其勢已挫於平壤戰敗之後豈敢
拒塞於 天兵長驅之路偃然結陣於近地列邑也
哉但一嶺間在路右而地勢險阻林木邃密雖千萬
之衆可容隱伏不能遙度故使人覘其有無幸無一
淩隱伏之患龍川以東開城以西雖鳴鼓徐行不足

時代堂文集卷一　十二

慮也牒報提督進兵于開城府當是時倭將淸正據
于咸鏡道惟玄蘇平行長平義智等道散各處而在
京之賊聞平壤之報憤不得其情殺掠京城之民燒
盡公私廬舍而江西列屯之賊咸萃于京師謀扼
天兵之來路自沙峴以北屯壁相接牢不能犯云時
提督自開城入後邃有遲回之意累日不發重違我
先生懇囑進至坡州有此碧蹄之敗噫驕敗兵家常
事豈無彼升此除之理耶今日之不幸抑有所不然
者當是時也驍將　天威輕敵之心發於連捷之後
眼無一個全倭罾置其大軍獨與家丁善射者千餘

馳赴我將高彥伯副將查大受竟以後軍之未至致
死傷甚衆可勝痛哉○提督遂還坡州至夜深以家
丁親信者死痛哭神氣亦大有不豫色至翌日朝卒
發退軍東坡之令先生及右議政兪泓力爭其無退
提督終不回惑元帥金命元及余乘間以白曰首相
之力爭義固然矣豈可遽動 天兵以助敵氣乎且
勝敗常事願提督垂察焉提督默然良久姑爲徐答
曰吾之退屯東坡者將休吾軍以進爲計耳愚曰三
營一時還到臨津屯于東坡又翌日欲轉退開城先
生泣血固爭終不肯既而跨馬遂還開城使總兵張

世爵呂先生論兵事時先生在坡州遊擊將周弘謨
將入倭營旗牌而來使諸臣及先生請入參拜先生
獨不應走馬還東坡弘謨言狀提督大怒使三騎急
追從者皆落後獨余及金霽辛慶晉隨之過至靑郊
驛提督將欲挐致先生適因李慶之實告卽止○先
生命金敬老與高彦伯李時言等追截京城之賊託
以無軍徘徊不前體府決杖督令前進方在坡州等
處尚復逗遛命余促來○三月七日在東坡忠淸義
兵將李山謙來到開城見唐人言先擊南路則京城
之賊自潰唐人告于參將參將招山謙問計貼書於

先生先生答書極贊其策之妙卽命余率軍人十名

護送 天將與山謙○四月十九日遂進軍至東坡

也越翌日京城復 天兵將入城諸大臣及先生隨

痛于查大受軍幕蓋賊已約退兵故有此上京之計

其後余亦陪侍而行登駕峴望見城內有一民屋巋然

獨立直馳八乃小公主宅也迎提督於是第檜訖諸大

臣次第退先生亦退出聞於城內遺民則賊兵前一

日出城云嗚呼 國家之厄會一何至於此前日櫃

比廬舍皆爲灰燼所滅遺民存者百無一二行至

宗廟前先生痛哭諸大臣莫不號泣而失聲先生詣

免大臣文集卷之二

十四

24

提督舘下問起居顧發軍急追賊兵提督以漢江無

舩爲書先生使人報備舩狀俄而李如松率萬餘兵

出江上忽稱足疾而還○井邑縣監李舜臣素以忠

節齷齪顯名一世辛卯二月自 上有擇將之命先

生特薦爲全羅左道水軍節制使李公曾有雅分於

先生來往頗頻於亦累往幕府爲所信任心服其忠

壯至戊戌十月提督劉綎再攻順天賊李公乘勝至

南海界又破賊舩中丸沈殘一軍皆哭聲振海中訃

聞滿朝莫不愛惜其材器先生尤極痛哀卽命余馳

赴喪所與公往莞芬等治喪送與人民設祭挽車而

25

哭○宣傳官金星報同郡人也早登第而有樹器先
生嘗奇愛之余亦往來承接者雅矣及其超薦為平
安虜侯　朝廷將遣人嚮導　天兵先生薦星報
上特命遣之不幸而致殞哀哉○前義禁府都事曹
好益募兵江東得數百人出陣祥原遇賊多斬獲冬
至日率士卒望　行在痛哭其忠義激勵如此○時
嶠南急報日聞而家信寂然耿念不已倭信自無何
來千里西邸一尺家札足以蕩滌旅愁況搶掠賊藪
大小家眷竄伏山林僅免凍餓此吾季之智計過人
也欣豁何可盡道○十月　車駕還都先是沈惟敬

明份堂文集卷二　　十五

缺比
下

○丁酉八月京城上流防守器具粗備後巡審

江華海島江華則申敕水使李思念措置又命余赴

海島瞭望○時賊兵已皆南下分屯於江上自蔚山

至于東萊金海豆濟複屯相結至十餘屯或依山而

築城或憑海而搖塹以爲久屯之計　天兵留屯於

星州善山居昌慶州而相望不進　朝廷聞賊兵屯

海邑下旨督諸將追賊兵都元帥金命元巡察使權

慄合聚於空寧義兵將郭再祐高彦伯亦皆附會而

己諸將各自散去金命元權慄李薲崔遠等先向全

羅道金千鎰崔慶會黃進等向晉州賊兵隨至圍之

戰數日黃進中丸而死軍人氣奪賊兵入城內千鎰

登直轟石樓與慶會攜手痛哭投江而死 朝廷聞而

哀之以千鎰爲義死 贈議政府右贊成 天將悉

還京師先生隨 天將行至屛山館雪寒狰酷連雷

二日不得發余從間白於前日從先生同出沒戰塵

者己到累禩幸尙 天朝再造之恩復京城返 王

駕而但邊憂未露 天兵又向京城再擧之期不知

其幾個月而先生今日之行係是 國家重大之職

固不得已也 天恩罔極以若庸愚除之以定嚳之

秩感祝之誠無以圖報幸賴先生氾愛之私恩逖矣西

此仁堂文集卷一　　十六

土卒無償敗而歸轉到湖南以至於此莫非天也日

後論功酬勳之典非佐幕之任所可冀及而馮唐已

老之歎李廣難封之恨恒切但歲色迫近歸思正緊

先生之西行固所義也而至於小將今日之還無關

於　國家再擧之期亦無憾於先生佐幕之道伏願

先生許歸鄉里先生曰丈夫之行積於終始臨路分袂豈

不惜哉對曰俄聞家奇妻病彌篤情理所在斷不可

已況經亂之後返巢之初調服之道不見是圖也且

人命脩短固難測知生時永訣是所望也特賜放歸

以敍情理如何先生終不給由爰以舍季書奏示極

29

請先生曰八年塵埃頭鬢共白進亦同退亦同道理

當然而情迫如此固不可挽君其歸哉翌日雪路稍

通日氣頻溫遂發至丹山秣馬犒軍余乃八謁楊經

理麻提督帳下拜辭經理提督召先生以問曰黃貴

之村畧姑未需用戰伐之塲而料事頗優量敵甚

熟難可叓得其人方今敵鋒未掃先自告歸何也先

生對曰其家所處不得挽執退出私幕隨後而出先

生裁書遺之曰君之歸必先過河隈以傳此書臨別

猶不勝帳缺之懷轉向三灘津而餞日己昃矣步出

橋頭陰雪始泮路氷如油馬不得着足踤涉而行至

兔末堂文集卷之二一　十二

村前鬨然一閧依舊而立使奴完石先入通奇時妻
患已劇魂迷不省人之出入遂高聲而呼絕一擧目
而熟視終無一言而逃時則已亥正月二日也　飢饉
　　　　　　　　　　　　　　　　　　　　重斂
洞草譜故　〇鄰居權友缺可者吾童年竹馬之交與
校時載之
余弟經亂逃竄互相救助聞我之還來慰曰子之生
離死別之變誠極痛迫生時永訣尤切奇異勿爲損
傷焉吾家之禍慘不忍向他人言者也八年之內老
母之喪冢婦之慽繼出於林木間凍雪之中朝夕奠
奉之節慘痛之懷胡忍提說尤有所痛迫者三霜已
過俱未襄窆最是人子家父之衰痛切迫處也今子

名播於弓馬之場生還於瘡痍之世豈非幸耶余答
曰君家之運何其厄也吾今日之痛非徒爲老妻哭
也淌眼光景莫非滄桑都不如無言○先生手札來
到奉覽○所居草堂本是狹隘而久爲風雨所壞遭
變之後又爲殯幕晝宵之間容膝甚難僱召匠謀
之一翶之間搆間屋宇甚精聞爲老夫晩年休息
之所極爲稱情權友曰有堂而無號亦一欠事且知
君之平生固莫如吾吾且名之因以晩休二字題其額余笑
曰題額甚猥濫而名義者固當曰與權友圍碁鼓琴（此下多缺）
君之句示余曰搆拙不足以稱吾子之事業余曰主人

當先占而君先唱之誠美矣我且和之權友誦之曰

經亂之後志尚何其壯也○江上有巖廣如一小逕

又有一澄潭鱗鱗之族往來於卵育於巖穴之間以為

盤桓釣遊之處自先世居於是釣於是名以為釣臺

及歸依鷰巖石在於江上余日與權友相為倘佯以

佽老夫歸休之所又占一聯○日余病卧不能起顧

謂舍弟曰眼者西征靡蠱於　王事往住王蓮坊近

地者數矣而終未省拜先壠是吾平生所恨也今年

衰日迫尤致念於齊家一道而彌守之學業無所進

益陶潛責子之詩不其然乎莫如從吾所好皷琴而

賦詩翌日責送河隈（此下缺）一日弼守來報曰昨日京

耗直來先生行斾在今明間云矣越三日朝先生壽

札來到問諸來价曰是札出於前月（缺以下）

對鳳菴記

余本兵家者流自齮齕不重翰墨之用工惟事弓馬

之遊戲射以觀德馳欲範我氣意昂昂於鄉堂步趨

逐逐於閭里如是過三十餘春秋矣至庚（缺）然有志

於究經講道之方乃相宜於洞之南九成峯下向卯

之區拓石而廣之伐木而敞之遂得數頃地經營八

九間棟宇兩落之洽費三年之役顏其楣曰對鳳菴

謹錄

行狀

而秖得此文二詩三於縣洞古笥中敗紙爛章何
幸得免丙午之火也正所謂鳳文一羽益敢記於
玉淵亭重校之篇以寓不肖發潛之恍裔孫極東
曰黃生河清河鱗河一等來見余流涕而言曰昔
我先祖晚休公服勞 王家著育令績而尚闕狀
德無以傳示敢請余應之曰以晚休翁之卓犖而
無聞述文字誠慨然然余筆不足徵信往求當世
之立言君子河清等作而復曰顧進念七載矢石

幕府陪衛之勞余即帳然謝之曰豈敢念諸遂就

考其家狀及龍蛇事實敬覽而卒業焉按公諱貴

成字致章號晚休其先平海人鼻祖漢學士諱洛

中葉高麗金吾將軍太子檢校諱溫仁歷三世諱

庸大匡輔國諡忠敬生諱太白刑曹典書八本

朝　贈右議政是生諱佑兵曹典書　贈左議政

是生諱天縱歷三道觀察使諱希亮工曹判書諱

厚老錄事諱雕訓導諱文壽宣教郎諱從仕將仕

郎於公爲高曾祖祖諱孟春生員考諱熙孫通訓

大夫妣淑人義城金氏生公于益陽里篤嘉靖戊

2

申十月十日也幼有異質倜儻不覊繞齠齔己不

屑爲小人學悶家業中微思有以振發之而編業

書釼無所適意乃詣河上謁吾先祖西厓先生先

生一見異之首授以周禮司徒之敎公即服膺而

朝行之自是日有所進　庚寅春　朝廷遣使通信

鶴峯金先生爲副使陪先生往餞于門外壬辰四

月倭冠犯順先生爲體察命公佐幕府諭之曰君

之出八我門下將二十載又知君忠義智略足以

擔當大事故玆委任無以妻孥爲念益殫誠信共

濟艱難也軍官非不衆多而耳目之任㝡難其人

君其勿辭公對曰當此板蕩之際孰無保軀命戀

家鄉之情而叨將眷庇之恩無以圖報豈敢以艱

危之甚變其夷險之節雖智勇短淺無所裨益同

爲死生是區區之願也巡邊使李鎰軍潰于尚州

敗報聞車駕即夜西狩先生亟從餞行謂公曰

以吾之故而涉險濱危至於斯耶公對曰職任雖殊

爲國一也委鋒死綏早已夫了顧無以賤軀費念

六月車駕向寧邊先生以接待　天將留平壤

是日賊兵攻城急先生與左相及元帥登鍊光亭

有紅衣徒暗至沙土匕亂發鳥銃公即以片箭射之

連發五巡所傷甚衆賊畏而逃　車駕至定州還

車宣川命先生守定州賊兵將掠倉穀露刀尙杖

四面全集公上馬搭弓大呼突擊無不應弦而倒

一齊斬馘懸于倉街賊兵丧膽奔潰本營倉穀由

此得全龍川鐵山諸邑刼倉者亦熄時早甚江灘

日淺先生慮上流失禦將議備遇之計左相尹公

斗壽言於先生曰李潤德難可倚仗獨李元翼可

任然亦恐有踈虞不如遣黃貴成使之幷力於是

先生命公守大定江江邊有逃散之卒絡繹不絶

先生親平壤不守使公社探之到廣禮院遇平壤

守灘軍聞賊兵夜襲王城灘兵使李潤德逃去平
壞己陷遂馳報先生先生大驚即使公赴啓 行
往祖承訓之敗過安州也公以先生命持酒饌往
慰之固勸勿退兵承訓自耻敗喪竟歸遼東時
天兵將至糗粮無備先生謂公曰即聞龜城儲穀
頗優而吏民離散輸運無路君與洪宗祿俱往宗
祥曾在龜城甚協民心云以君勇畧兼彼忠實固
不難矣公遂與宗祿馳往龜城覲尋山路招集逃
散激以忠義喻以利害曰方今 天兵已到定州
平復之期果將指日而所急者粮饋也本邑儲峙

輸運無路汝等亦王民也勿論品官與吏膏同心

輸致則當啓聞　行在各酬勳賞矣於是自相招

集擔負連續不日兩畢先生以痔疾不能視事者

累日症轉危劇公晝夜調護憂公泣私不知有身

及至復初方自解帶先生每與鶴峯先生往復書

牘而必使公金先生嘉公忠勤獎詡勸勉眷眷不

己十二月　天將李如松等到安州先生將八見

公亦陪從及其相見初無一言袖進平壤地圖李

提督進圍平壤先攻普通七星門以大砲火箭發

之公急勸駱吳兩將左右翼擊賊兵遂不能支走

入內城亂發銃丸我軍與　元兵多被害公告提

督曰彼入內城正如落阱之虎勢似盡劉而竊念

窮冦致死機不可測莫若少開走路以勸滅之提

督從之賊兵旣遁提督上鍊光亭彈琴鳴鼓諸軍

帥卑會設宴陳樂次第羨凱時夜月明風舲正動

先生丞請揃日進兵爲收復京城之計提督謾應

實無進意仍命公往監守灘軍行過江渚有杜甫

劒外之懷感吟一絶曰投筆操弓手亦高大同江

水正滔滔他時露布王城下欲挽銀河洗此刀寫

呈先生先生微笑曰此時詩與誠不偶然古所謂

壯士而詩人於君見之矣提督將進兵呼公謂之
曰此距京城不滿二百里賊雖摧敗各慶退屯者
其數難算且聞我之進必將要險設伏以圖馬陵
之計君其先我偵探連續馳報時賊兵新退所徑
驛舍舉皆空虛城邑亦俱蕭條先生移關于兩西
觀察使催運粮草命公往督公星夜馳詰轉遠調
僉員戴漕輸還到黃州書報提督曰黃州之粟盡
被彼掠其外各邑糧草俱已輸待軍前所經村邑
幷無賊兵而坡端以東尚或出沒云此非小將之
所目擊窃念彼既沮挫豈敢拒塞　天兵長驅之

兵將向京城氷泮不得渡提督使人促造浮橋急
休以進爲計年是日三營俱退渡臨津正月　天
常事顧加三思提督默然良久曰吾之退屯將少
爭勢所當然豈可輕退以助賊氣耶且勝敗自是
及右相俞泓力爭不得公乘間進告曰大臣之力
督以家丁之致死痛傷不已粹發退軍之令先生
開城遞有遲回之意累日不發竟致碧蹄之敗提
開城以兩雖鳴鼓長驅不足慮也提督進兵既至
密故使人探察則辛無一倭隱伏之患龍川以東
路轉然亦結哉但中間有一嶺地勢險阻林木家

如星火先生倉卒得葛橋之策命牛峯倅李希愚
董率人民採葛輸運公亦與焉謂李倅曰民力疲
劇勢難威督莫如躬自先勞以慰民望遂與登山
採葛擇其景誕者而採之曰汝等勞於　王事亦
己久矣兼此飢困雖有子來之誠何以堪役於是
民人感悅力採不日而足輸致江頭先生即令攷
索堅柱施經兩岸撐緯遂成一巨橋大軍穩渡公
之忠義服人類如此所謂悅而使民民忘其死者

夫四月　天兵進復京城十月　車駕還都酬戾
聖勞賜公爵定畧將軍戊戌十一月統制使李舜

臣戰殉于南洋先生聞極驚慟使公往代吊奠仍
治喪事、公曾在幕府素與李公忠義相許情甚篤
至以故與其徑党芳等幹治喪具哀痛殊甚先生
從 天將自湖返嶺復上京師至崑山館公進懇
曰出沒戰塵已積歲年而曲加生成徊免憤敗韋
今寰宇甫清山河再造叨徵酬厚叨袴 罷秩感
祝之極豈敢控私而見今機務無甚關係願假徵
喘歸老田里先生不許公又告曰俄聞家奇妻病
甚篤人命脩短固難預測特許一歸以伸情理先
生曰七年塵埃頭顱共白偕求偕歸曾所相期而

情迫如此有難終挽臨路分袂豈勝情哉既獲命

乃告歸提督提督請先生問之曰黃貴成之才畧

己多需用而料事頗優量敵甚熟難可更得其人

方今氛塵未盡掃何遽甫告歸也先生曰其家情

景有迫不得已故也遂拜辭于三灘津歸故廬令

入己疾革就而呼之擧目熟視而卒所居廳事爲

風雨所壞了乃築數間屋顏其堂曰晚休有詩里

門襟帶洛水江岩有巨巖名蒲巖蓋累世考槃之

地號爲釣臺至是夏題曰晚休臺又慕先臺有詩

先生應公揭屬之勞創造河橋秀巖棧道亦當時

所招一日病甚顧謂弟曰往者西征奔走　王事

未遑恤私今事竣身退年衰日迫惟當省己寡過

肅齊家政訓養兒孫以詒貽後而彌守學業尚無

所進陶潛責子詩爲我準備也莫如從吾所好歟

琴賦詩以終餘年可守有遺誡招朋約爲時登對

鳳卷亦有吟以乙巳九月十日考終于寢先生命

地師占壙于八旺洞生即洞風負戌原祔令人鳴呼公

出處言行想多有可以傳示者而累經熖火不克

收保今所見只是綴拾於煨燼之餘斷爛訛缺

靡所考攷己丑以前全漏記載癸以後可取可

14

蹟者宣止行宇克棟而畧存未詳戊戌歸休田里

是歲先生亦告老矣燕侍之際必多有言志之可

聞者而亦全闕焉可勝惜哉然何必盡鼎然後知

太羹之味全體然後識鳳凰之文獨恨忠勤勞績

昭載太常而錫號之 褒無聞於會盟之席或因

世級悠遠文獻無徵有之而未之傳豈抑當先生

彝勳之日韜晦而不聞耶勞而不伐公其有諸夫

令人宣城李氏子弼守展力副尉孫希陽希溥曾

孫忠達僉正春輔鶴通政陽出正義溥峕皆業儒

餘不盡錄今來請狀者其十世孫也鄕之人士將

## 황귀성의 〈亂中記事〉

한국국학진흥원 소장

## 류광목의 황귀성 행장

《만휴당문집(晚休堂文集)》, 『한국역대문집총서』 2298, 경인문화사, 1997

## 김종락의 〈書晚休堂黃公記事後〉

《삼소재문집(三素齋文集)》, 안동대학교 도서관 소장

여기서부터 영인본을 인쇄한 부분입니다. 이 부분부터 보시기 바랍니다.

## 역주자 신해진(申海鎭)

경북 의성 출생
고려대학교 국어국문학과 및 동대학원 석·박사과정 졸업(문학박사)
전남대학교 제23회 용봉학술상(2019) ; 제25회 용봉학술특별상(2021)
현재 전남대학교 인문대학 국어국문학과 교수

저역서 『월파 류팽로 임진창의일기』(보고사, 2021)
　　　『검간 임진일기』(보고사, 2021), 『검간 임진일기 자료집성』(보고사, 2021)
　　　『가휴 진사일기』(보고사, 2021)
　　　『성재 용사실기』(보고사, 2021), 『지헌 임진일록』(보고사, 2021)
　　　『양대박 창의 종군일기』(보고사, 2021), 『선양정 진사일기』(보고사, 2020)
　　　『북천일록』(보고사, 2020), 『패일록』(보고사, 2020), 『토역일기』(보고사, 2020)
　　　『후금 요양성 정탐서』(보고사, 2020), 『북행일기』(보고사, 2020)
　　　『심행일기』(보고사, 2020), 『요해단충록 (1)~(8)』(보고사, 2019, 2020)
　　　『무요부초건주이추왕고소략』(역락, 2018), 『건주기정도기』(보고사, 2017)
　　　이외 다수의 저역서와 논문

만휴 황귀성 난중기사 晚休 黃貴成 亂中記事
2021년 11월 30일 초판 1쇄 펴냄

**지은이** 황귀성
**역주자** 신해진
**펴낸이** 김흥국
**펴낸곳** 도서출판 보고사

**책임편집** 이경민
**표지디자인** 손정자

**등록** 1990년 12월 13일 제6-0429호
**주소** 경기도 파주시 회동길 337-15 보고사 2층
**전화** 031-955-9797(대표)
　　　02-922-5120~1(편집), 02-922-2246(영업)
**팩스** 02-922-6990
**메일** kanapub3@naver.com/bogosabooks@naver.com
http://www.bogosabooks.co.kr

ISBN 979-11-6587-263-2　93910
ⓒ 신해진, 2021

정가 14,000원